马克思主义简明读本

唯物辩证法理论

丛书主编：韩喜平

本书著者：刘 培

编 委 会：韩喜平　邵彦敏　吴宏政
　　　　　王为全　罗克全　张中国
　　　　　王 颖　石 英　里光年

吉林出版集团股份有限公司
全国百佳图书出版单位

图书在版编目（CIP）数据

唯物辩证法理论/刘培著.--长春:吉林出版集团股份有限公司，2013.9（2024.6重印）

（马克思主义简明读本）

ISBN 978-7-5534-2590-0

Ⅰ.①唯…Ⅱ.①刘…Ⅲ.①唯物辩证法－研究Ⅳ.①B024

中国版本图书馆CIP数据核字(2013)第174577号

WEIWU BIANZHENGFA LILUN

唯物辩证法理论

丛书主编	韩喜平	
本书著者	刘 培	
责任编辑	石榆淼	
装帧设计	李 亮	

出　　版　吉林出版集团股份有限公司

发　　行　吉林出版集团社科图书有限公司

地　　址　吉林省长春市南关区福祉大路5788号　邮编：130118

印　　刷　北京一鑫印务有限责任公司

电　　话　0431-81629711（总编办）

抖 音 号　吉林出版集团社科图书有限公司　37009026326

开　　本　710 mm×1000 mm　1 / 16

印　　张　12

字　　数　100 千

版　　次　2013 年 9 月第 1 版

印　　次　2024 年 6 月第 4 次印刷

书　　号　ISBN 978-7-5534-2590-0

定　　价　36.00 元

如有印装质量问题，请与市场营销中心联系调换。0431-81629729

序　言

习近平总书记指出，"青年最富有朝气、最富有梦想""青年兴则国家兴，青年强则国家强""中国梦是我们的，更是你们青年一代的。中华民族伟大复兴终将在广大青年的接力奋斗中变为现实"。

要提高青年人的理论素养。理论是科学化、系统化、观念化的复杂知识体系，也是认识问题、分析问题、解决问题的思想方法和工作方法。青年正处于世界观、方法论形成的关键时期，特别是在知识爆炸、文化快餐消费盛行的今天，如果能够静下心来学习一点理论知识，对于提高他们分析问题、辨别是非的能力有着很大的帮助。

要提高青年人的政治理论素养。青年是祖国的未来，是社会主义的建设者和接班人。要建立青年人对中国特色社会主义的道路自信、理论自信、制度自信、文化自信，就必须要对他们进行马克思主义理论教育，特别是中国特色社会主义理论体系教育。

要提高青年人的创新能力。创新是推动民族进步和社会发展的不竭动力，培养青年人的创新能力是全社会的重要职责。但创新从来都是继承与发展的统一，它需要知识的积淀，需要理论素养的提升。马克思主义理论是人类社会最为重大的理论创新，系统地学习马克思主义理论有助于青年人创新能力的提升。

要培养青年人的远大志向。"一个民族只有拥有那些关注天空的人，这个民族才有希望。如果一个民族只是关心眼下脚下的事情，这个民族是没有未来的。"马克思主义是关注人类自由与解放的理论，是胸怀世界、关注人类的理论，青年人志存高远，奋发有为，应该学会用马克思主义理论武装自己，胸怀世界，关注人类。

正是基于以上几点考虑，我们编写了这套"马克思主义简明读本"系列丛书，以便更全面地展示马克思主义理论基础知识。希望青年朋友们通过学习，能够切实收到成效。

韩喜平

目　录

引　言

　　看到唯物辩证法这几个字，有些人会觉得这本书的内容是晦涩的、神秘的、枯燥的，与生活没有联系，是一本没有意思的书。其实不然，先来听一个小故事吧。

　　从前，有一个老人在河边钓鱼，一个可爱的小孩儿走了过来，观看老爷爷钓鱼。老人钓鱼的技巧娴熟，不一会儿鱼筐里就装满了活蹦乱跳的鱼。老人看小孩儿长得可爱，一高兴，就要把满筐的鱼送给他。小孩儿摇了摇头拒绝了老人的赠送。老人惊异地问小孩儿不接受赠送的原因，小孩儿说："我想要您手中的鱼竿。"老人诧异地问道："你要鱼竿做什么呢？"小孩儿说："一筐鱼总会有吃完的时候，如果我有鱼竿，我就可以和您学钓鱼，我自己学会钓鱼，那鱼就一辈子都吃不完。"

　　我们不禁暗暗地赞赏小孩儿的聪明。其实当你看到这本书时，它就是摆在你眼前的鱼竿。唯物辩证法作为马克思主义的精髓，是马克思主义的灵魂和本源，更是科学的世界观和方法论。掌握这一世界观和方法论，我们将会看到精彩异常的世界。那什么是唯物辩证法呢？它又包含哪些内容呢？

唯物辩证法，又称马克思主义辩证法，是建立在唯物主义基础上的辩证法理论，是"关于自然、人类社会和思维的运动和发展的普遍规律的科学"。唯物辩证法作为马克思主义哲学的重要组成部分，是马克思主义的灵魂。它既不同于唯心辩证法，又不同于形而上学片面的、孤立的、静止的思维方式。唯物辩证法的基本观点认为：世界是普遍联系的有机整体，同时又是变化发展的，联系和发展是辩证法的总特征，而承认矛盾、运用矛盾的观点看问题，是马克思主义唯物辩证法的核心，并由此揭示了万事万物发展所包含的三大规律——对立统一规律、质量互变规律、否定之否定规律，以及现象与本质、原因与结果、必然与偶然、可能与现实、形式与内容五对基本范畴。唯物辩证法在本质上是批判的、革命的，它是认识世界和改造世界的锐利根本方法。

行到水穷处，坐看云起时。掌握了唯物辩证法，我们就能够正确地看待自然、社会，更能够正确地看待自己的人生，树立崇高的理想，进行正确的选择和判断，在不断实践、不断追求理想的过程中，实现自己的人生价值。打开这本书吧，它会带着你领略一个新的世界，访问一种新的生活。

第一章　唯物辩证法的总特征

唯物辩证法作为研究自然、人类社会和思维世界中运动与发展基本规律的科学，首先要回答的问题就是，世界是什么。只有回答了这个问题，才有可能进行进一步的研究，回答"世界的一般规律是什么"。那么，唯物辩证法认为世界到底是什么呢？

第一节　唯物论与唯心论

对于"世界是什么"这一问题的回答，实际上只可能有两种：一种是认为世界的本原是物质，形形色色的现象都是物质的各种表现形态，意识也是物质的产物，这是从唯物论的角度进行回答；另一种是认为世界的本原是意识，大千世界中的各种现象都是意识的产物，这是从唯心论的角度进行回答。

在人类百万年的实践活动中，随时都能接触到各种物质现象。因此，从实践活动出发，人们明确地知道农田、农具、机器、原料等都是不依赖于自己的意识而独立存在的，人们更坚信这些不会存在于意识之中，只能存在于物质世界之中。依据长期的社会实践，唯物论认为，世界的本源是物质，形形色色的具体现象都是物质的。在这个世界上，除了物质什么也没有。至于意识，不过是物质在人们头脑中的客观反映。因此，在唯物论看来，世界必然是先有物质后有精神，而不是先有精神后有物质。物质是独立存在的，不依赖于意识的。而作为物质在人们头脑中反映的意识却依赖于物质，离不开物质。

当然，这里提到的物质并不是人们随时随地都能通过感官接触到的各种事物。因为形态各异的事物的性质和状态是千差万别的。但是无论存在着多大的差异，所有的事物都有一个共同的特征：存在于意识之外，同时又是人们感觉的源泉。如果忽略所有事物的各异形态和性质，将所有事物共同的本质特征抽象出来，我们就会得到物质这一哲学范畴。正如列宁对物质作出的经典定义："物质是标志着客观实在的哲学范畴，这种客观实在是人感觉到的，它不依赖于我们的感觉而存在，为我们的感觉所复写、摄影、反应。"

不仅仅是人类实践证明了世界的本源是物质，自然科学更在长期的发展中有力地证明了这一点。近现代自然科学用丰富的材料证明了在人类出现以前，物质世界早已存在。在地球几十亿年的历史中，人类及其他生物还没有出现，也就是说，物质早于人类而存在。现代生物学证明如果没有人脑和客观事物，精神现象就不会产生。离开物质的意识是不存在的。马克思主义哲学将唯物论推广到了社会领域，将社会生活划分为物质生活和精神生活。对于人类社会来说，一切精神生活，如政治、法律、艺术、宗教等都是人类物质生产活动的反映。

与唯物论不同，唯心论认为世界的本源并不是物质，而是意识，精神世界才是世界的唯一本原。在唯心论中还存在着两种观点：客观唯心论和主观唯心论。客观唯心论认为：在世界之前就有一种客观存在的精神——"绝对观念"或"宇宙精神"，它不依赖于自然界而独立存在。整个物质世界都是"绝对观念"的产物。例如：宋代的朱熹主张"理在事先""万一山河大地都陷了，毕竟理却在这里"；老子认为"道"生万物，"道"就是无。主观唯心论认为，客观世界是不存在的，唯一存在的就是"我"的感觉。因此，物质世界的万事万物并不是在我们的意识之外，而是存在于我的意识之中。例如："宇宙便是吾心，吾心即是宇宙。"

然而，不管是主观唯心论还是客观唯心论，它们都坚信物质世界是依赖于精神的。如果将唯心论推广到社会领域，那么历史的发展就是某种先天原理的实现，或者是某位历史杰出人物头脑的产物，这个人往往是持唯心论观点的哲学家。

在世界本原问题上的不一致，必然导致对于"世界是怎样的"这一问题回答的不同。

第二节　唯物辩证法的总特征是发展与联系的观点

唯物辩证法在承认世界的本原是物质的基础上，认为物质世界是普遍联系的有机整体，同时又是变化发展的。可以说，联系和发展的观点是辩证法的总特征。

一、联系的观点

由于美国利率上升和住房市场持续降温，当贷款期限截止之时，普通的民众没有能力偿还贷款，这就直接导致了贷款公司的倒闭。贷款公司的倒闭继而连累了保险公司和贷款的银行，美国各大银行相继发布了巨额的亏损报告，同时，各大投资银行的纷纷亏损，导致股市大跌，股民普遍亏欠。这样一场由次级抵押贷款市场风暴引起的金融危机不久便波及了英国、法国、中国等多个国家，而且其影响范围扩大到纺织、能源、汽车等多个行业。至此，一场次贷危机演化成了一场世界性的经济危机。在这样一场经济危机之中，从美国的民众开始到美国再到各个国家和行业，它们之间相互作用、相互影响，整个过程如同多米诺骨牌相继倒下一般。也就是说，无论是在美国各行业还是从美国开始的世界性经济危机都明确地表明了各个因素之间的相互联系。那什么是联系呢？

（一）联系及其特点

联系是指事物之间以及事物内部诸多要素之间相互影响、相互制约和相互作用的关系。当然，这里提到的联系不同于具体的联系，正如物质不同于具体物质一样。这里提到的联系是对万事万物之间具体联系的抽象与概括，是一种抽象的联系。可以说，抽象的联系是对万事万物之间具体联系的概括，而具体的联系就是抽象联系的表现形态。

这些联系是个别的、偶然的，还是普遍的呢？留心观察生活就会发现，仅仅一个房地产行业就与众多因素发生着联系，如交通、建材、机械、物业管理、装修、家具、家电，等等；思维领域也是如此，例如在建设中国特色社会主义时高举的马克思主义在不同的时代中不断发展，毛泽东思想、邓小平理论、"三个代表"重要思想、科学发展观都是对马克思主义的继承与发展；自然界中，天空、森林、河流、动物之间也并非孤立存在的，而是相互联系的；在家庭的内部，父母与子女之间相互联系，夫妻之间、婆媳之间、兄弟姐妹之间都是相互联系的。因此，联系具有普遍性。这种普遍性表现在：第一，世界上的一切事物都与周围其他事物联系着。例如，人的健康与周围的环境存在着密切的联系。第二，每一个事物内部的各个部分、要素是相互联系的。例如，在电脑内部各个配件之间都是相互联系的，一旦某个配件出现问题，就会影响电脑的正常运行。第三，由于事物内部各要素相互联系，每一事物又与周围的其他事物相互联系，因此，整个世界就是一个普遍联系的有机整体。这就要求人们想问题、办事情时必须坚持联系的观点，同时要对事物的联系进行具体的分析把握，反对、否认或无视联系的客观性，割裂事物之间的联系，反对用孤立的观点来看问题。例如，科学发展观强调正确地处理发展与人口、资源、环境的关系，走可持续发展的道路，其哲学依据就在于联系的普遍性。

事物间的联系是不是从来就有的呢？它会不会依人的意志而改变呢？曾经有这样一个谜语：米的妈妈、爸爸、外公、外婆分别是谁？答案是这样的：米的妈妈是花，因为花生米。米的爸爸是蝶，因为蝶恋花。米的外婆是妙笔，因为妙笔生花。米的外公是爆米花，因为它既抱过米，又抱过花。那米和花、蝶、妙笔、爆米花之间有如上所说的联系吗？答案是否定的。它们之间没有这样的联系，这种联系是不切合实际的，是主观的。也就是说，联系是事物本身具有的不以人的意志为转移的，即联系具有客观性。联系的客观性不仅意味着联系不能随意地创造，更不能随意地消灭。例如，对地表植被的破坏，造成了水土流失、沙尘暴等环境问题，这就是因为人们无视环境各个要素之间的客观联系。这是否意味着人们对事物的联系是无法改变的呢？答案是否定的，人可以根据事物固有的联系，改变事物的状态，调整原有的联系，建立新的联系。例如，建设长江三峡水库，正是因为人类创建了水库，长江周边的联系被改变了。再如：人与计算机，最初，计算机仅用于计算、打字等简单的用途，而现在随着科技的发展，还可以网上购物、看病、交朋友等。又如，人们发射的地球通信卫星，不仅与地球之间形成了新的具体联系，而且还成为人们之间的一种新的具体联系的"中介"。这些事例都说明，随着实践和科学的发展，事物与事物的联系以及人们与事物之间的联系有了更多的新形式，这些新的具体联系绝不是否定了事物的客观联系，而正是人们根据事物固有的客观联系改变事物的具体状态，使联系的具体形式更加多样了。联系的形式不管怎样多样，如何变化，但都属于联系，这一点是不变的、是客观的。

同时，联系的形式也是多样的。例如，鱼儿离不开水，瓜儿离不开秧，体现的是鱼儿与水、瓜苗与秧之间的直接联系；城门失火，殃及池鱼，体现的是城门失火与池鱼的间接联系；唇亡齿寒，体现的是内部联系和外部联系；时势造英雄，体现的是必然联系和偶然联系；无风不起浪，虚心使人进步，一分耕耘、一分收获，体现的是因果联系；牵一发而动全身，一着不慎、满盘皆输，体现的是整体与部分的联系。由于事物的多样性，因此在事物内部及之间的联系也就具有多样性。与此同时，这也就要求在判断到底是哪一种联系时，需要注意时间、地点和条件再分析，在把握事物存在和发展的各种条件的基础上进行断定属于哪一种联系。这就要求人们在想问题、办事情时注意分析和把握事物存在和发展的各种条件，一切要以时间、地点、条件为转移。不能只重视那些直接的、表面的和眼前的联系，而忽视那些间接的、本质的和长远的联系，忽视事物之间相互联系的中间环节。

联系还具有条件性。由于具体事物的存在都是有条件的，是在一定条件下才能产生、发展、灭亡。因此，事物之间的具体联系必然也依赖于一定的条件。随着条件的改变，事物之间或事物内部各要素之间联系的性质和方式都会发生变化。因此离开了条件，联系就无法存在，无法被理解了。例如：非洲的鸡蛋和中国的石头，本来没有必然的联系。只有某人去非洲旅行，捡了非洲的石头，并带回家打破了中国的鸡蛋，这才发生了联系；如果鸡蛋不碰石头，它们之间就没有联系。联系的条件性就要求把握事物存在和发展的各种条件，一切以时间、地点和条件为转移。当然，条件是可变的，人们可在实践中发挥主观能动性，改变条件、创造条件。

（二）用联系的观点看问题

卞之琳在《断章》这首诗中写道：你站在桥上看风景，看风景的人在楼上看你，明月装饰了你的窗户，你装饰了别人的梦。世界上的一切事物都不是孤立存在的，而是和周围其他事物联系着的。每一事物都是普遍联系之网上的部分或环节，整个世界是一个普遍联系的有机整体。把握联系的普遍性、客观性和多样性，坚持整体与部分的统一，才能自觉地坚持唯物辩证法，反对形而上学。

第一，坚持整体与部分的统一。

所谓整体就是事物的全局和整个发展过程，部分就是事物的局部和各个发展阶段。例如：将世界看作整体，人类社会就是部分；将人类社会看作一个整体，家庭、学校、企业等就是不同的部分；将一个学校看作整体，那么每个班级就是部分。

从上述关于整体与部分的定义中我们能够知道整体与部分之间的区别在于：整体是事物的全局和发展的全过程，从数量上看它是一；部分是事物的局部和发展的各阶段，从数量上看它是多。另外，整体与部分另一个重要区别就是地位和功能的不同。钟表是由各个零部件组成的，但任何一个零部件都不具有计时的功能。这是因为整体和部分在事物发展过程中的地位、作用、功能不同：整体居于主导地位，统率着部分，整体具有部分根本没有的功能；部分在事物的发展过程中处于被支配的地位，部分服从和服务于整体。

整体与部分之间有哪些联系呢？钟表缺少了任何一个零部件就不具有了计时的功能，任何一个零部件离开了钟表就都没有意义了。这是因为整体和部分之间相互依赖：各个部分构成了整体，离开了部分整体也就不存在了；部分更是整体中的部分，离开了整体，部分就不再是部分。整体和部分之间不仅不可分离，而且也相互影响。生活中，我们常听到这些话：一着不慎，满盘皆输；之所以会这样，是因为部分的功能及其变化会影响整体的功能，关键部分的功能及其变化甚至对整体的功能起决定作用。与此同时，整体功能状态及其变化也会影响到部分。例如：国兴则家兴，国破则家亡；国家兴亡，匹夫有责。另外，整体和部分在一定条件下是可以相互转化的。例如，家庭对于每个成员来说是整体，对于一个国家来说又是部分。

这就要求我们树立全局观念和整体观念。正所谓，不谋全局者，不足以谋一域；不谋万世者，不足以谋一时。生活中有很多这样的例子，例如，在一个乐队中，如果都不听从指挥，各拉各的调，各吹各的调，整个乐队就乱套了，就没有办法演奏出优美的乐章。中医在治病时更是从人体这一整体出发，分析五脏六腑之间的关系，而不是头痛医头、脚痛医脚。同时，又要重视部分的作用。任何整体都是由部分组成的，部分的变化会影响整体的变化，关键部分的功能及其变化甚至对整体的功能起决定作用。所以，我们办事情必须重视局部。因此，在中国特色社会主义建设中，各地区、各部门、各单位应大胆探索和试验，充分发挥积性、主动性。

第二，掌握系统优化的方法。

整体和部分的关系，在一定意义上就是系统和要素的关系。系统是由相互联系和相互作用的诸要素构成的统一整体。要素是组成一个整体而相互作用的部分。例如，地球是一个系统，由地壳、地核、地幔三大部分组成。因此，系统具有整体性、有序性。同时，系统内部的各要素并不是简单的排序，系统的功能也不是各要素的简单相加，而是通过优化可以提升系统的整体性能，因此系统还具有内部结构的优化趋势。例如，在田忌赛马中，田忌通过调换马的出场顺序赢得了比赛，正是运用了系统优化的方法。当通过合理安排各个要素使得系统结构优化时，系统的功能就会大于各个要素功能之和。这就要求我们既要着眼于事物的整体性，又要遵循系统内部结构的有序性，注重系统内部结构的优化趋向。例如，在数学中有一类题型就和系统优化的思想是一致的。妈妈让小明给客人烧水沏茶。洗开水壶要用1分钟，烧开水要用15分钟。洗茶壶要用1分钟，洗茶杯要用1分钟，拿茶叶要用2分钟。小明估算了一下，完成这些工作要20分钟。为了使客人早点喝上茶，按你认为最合理的安排，多少分钟就能沏茶了？其实最佳的方法就是在洗完开水壶之后，利用烧水的15分钟洗茶壶、洗茶杯，同时拿茶叶，水烧开后就沏茶。

二、发展的观点

有一次，汉武帝到上林苑游玩，看见一棵好树，问东方朔叫什么名字，东方朔随口答道："叫善哉！"武帝让人记下这棵树。过了几年武帝又问这棵树叫什么名字，东方朔随口答道："叫瞿所！"武帝有些不高兴地说："你欺骗我已经很久了。同一棵树，为什么前后名字不一样？"东方朔答辩道："马，大的时候叫马，小的时候叫驹；鸡，大的时候叫鸡，小的时候叫雏；牛，大的时候叫牛，小的时候叫犊；人，刚生下不久叫儿，年纪大了称老人；这棵树以前叫善哉，现在叫瞿所，长少生死，万物成败，难道是固定不变的吗？"武帝心悦诚服地笑了。东方朔的辩论虽然有趣，但也说明了发展的观点。

先来看看生命世界，从地球上有生命迹象到人的产生经历了亿万年的演化。在这亿万年中，生命不断地从低级到高级、从简单到复杂，经历了一个不断前进、上升的过程。可以说，自然界是不断发展的，人类社会也是如此。从原始社会、奴隶社会到封建社会、资本主义社会，再到社会主义社会、共产主义社会，人类社会形态的更替说明人类社会也经历着不断发展的过程。人的认识更是如此。例如，我们对数学知识的学习，刚开始先学会从1数到10，接着知道$25 \times 25 = 625$，进而学会用解方程，如$x + 22 = 18$，求x。后来就慢慢地学会判断$x > 5$不是命题。整个学习数学的过程不就是一个不断发展的过程吗？再如，对唯物主义的认识过程：古代朴素唯物主义——近代形而上学唯物主义——辩证唯物主义；对雷电的认识："雷公"叩击"连鼓"，产生雷声；"电母"持镜，形成电光——"雷为天怒"——雷电属自然现象——电位差增大到一定程度时，产生的放电现象。人类的认识都会经历一个由不知到知，由知之不多到知之较多的过程，对事物的认识也都有一个由浅入深的过程。由此可见，无论是对于自然界，还是对于人类社会和人类认识，都是无限发展的，即世界是永恒发展的。

那么到底什么是发展呢？先来看看中国近现代史，在推翻清王朝之后，中国历史上有袁世凯称帝，也有张勋复辟，还有新中国的成立；虽然它们都是一种运动，都是一种变化，然而它们却是不一样的：有的是上升的、前进的、进步的，正如新中国的成立；有的是下降的、向后的、退步的，正如张勋复辟。也就是说，只有那些上升的、前进的运动变化趋势才是发展，发展变化的结果就是新事物取代旧事物。即发展的实质是事物的前进和上升，是新事物的产生和旧事物的灭亡。那什么是新事物，什么是旧事物呢？

新事物是指符合客观规律，具有强大的生命力和远大的发展前途的东西。旧事物是指那些同客观规律背道而驰、正在日趋灭亡的事物。判断新旧事物的客观标准就是是否符合客观规律，是否具有强大的生命力和远大的发展前途。例如：第一台火车、社会主义市场经济、基因工程、科学发展观等都是新事物。

既然整个世界就是一个永恒变化发展的世界，我们观察事物时就应该用发展的观点看问题。那该如何把握用发展的眼光看问题呢？简单地说就是在坚信新事物光明前途的同时，明确其发展道路是曲折的；在做好大量积累即量变准备的过程中促进事物发生质的飞跃。当然，这里只是粗略地提到，在后面的章节中我们还会详尽地了解。

第二章　对立统一规律

物质世界各个不同领域中，现象的发展变化有其特殊的规律。然而，整个物质世界的发展变化又服从普遍规律，而这一普遍规律就是唯物辩证法要研究的内容。物质世界发展变化的普遍规律都有些什么呢？其中最根本的规律就是对立统一规律。不过这一最根本的规律还有其具体的表现形态——质量互变规律、否定之否定规律以及一系列成对的范畴。

第一节　对立统一规律是唯物辩证法的实质

一、为什么说对立统一规律是唯物辩证法的实质

哲学史上第一次对对立统一规律、质量互变规律、否定

之否定规律作出详细论述的是德国古典哲学集大成者——黑格尔，但是黑格尔仅仅是将这些规律从唯心主义的角度，当作思维的规律来论述。马克思和恩格斯有选择性地继承了上述三大规律，并将其从唯心主义中解放出来，作为自然、社会和人类思维的普遍规律，但是由于当时主要斗争任务的限制，没有指出三大规律中哪一条是根本规律，哪些是由根本规律派生出来的规律。列宁虽然提到过对立统一规律是辩证法的实质，但是没来得及充分系统地展开。第一次对作为辩证法实质的对立统一规律作出全面、系统论述的是毛泽东的《矛盾论》，书中进一步指出对立统一规律是唯物辩证法的根本法则，并且作出了详细的论述。

为什么说对立统一规律是辩证法的根本法则呢？

之所以能作为唯物辩证法的最根本规律，主要是因为唯物辩证法承认矛盾，认为矛盾是事物发展的源泉，而形而上学否认矛盾，这是唯物辩证法与形而上学之间最根本的分歧。唯物辩证法承认矛盾，就必然承认事物之间及事物内部各个要素之间是相互联系的，主张用联系的观点看问题。同时，既然事物内部矛盾双方是对立统一的，事物必然就是不断发展的，因此唯物辩证法主张用发展的观点看问题。与唯物辩证法不同，形而上学否认矛盾，必然会否定事物的普遍联系，认为事物都是孤立存在的，主张用孤立的观点看问题。同时，孤立的事物之间没有矛盾，因此在看问题时也就只能用静止的观点。

也正是因为唯物辩证法承认事物之间以及事物内部的矛盾，因此，事物发展变化的源泉就来自于事物内部的矛盾，矛盾之间的同一与斗争推动了事物的发展变化。当然，事物之间的矛盾也是不容忽视的，因为每一个事物都是与其周围的事物相互联系的。否定事物发展的源泉和事物之间的矛盾就会在关于事物发展的认识上出现偏差。

另外，正如前面提到过的，唯物辩证法的质量互变规律、否定之否定规律由对立统一规律派生出来的，现象与本质、原因与结果、必然与偶然、可能与现实、形式与内容五对基本范畴也是对立统一规律的具体化形态。可见，要理解唯物辩证法就必须先抓住对立统一规律这一钥匙。

二、学习对立统一规律的意义

唯物辩证法作为认识世界和改造世界的根本方法，要掌握这一方法首先就要学会其根本规律——对立统一规律。在现实工作、生活、学习中，总会遇到各种各样的问题，其实这些问题就是事物的矛盾，如何恰当地分析、解决这些问题就需要理解对立统一规律，在理解对立统一规律的基础上一分为二地观察问题、处理问题。对立统一规律更是建设中国特色社会主义理论的哲学基础，也只有掌握了对立统一规律才能准确地理解以人为本、全面协调可持续的科学发展观，理解社会主义和谐社会。

第二节　矛盾的普遍性和特殊性

一个自以为聪明的父亲出院后，遵从医生的嘱咐——多吃水果，于是他就让自己的儿子到水果市场给自己买水果。第一次，他儿子买了苹果回来，父亲看见后，觉得不喜欢，摇头说不吃；第二次，他儿子买了橘子回来，父亲看见后，还是摇头说不吃；第三次，他儿子买回来了菠萝和香蕉，父亲仍然不吃，并生气地说："医生让我多吃水果，你怎么能给我买这些呢？"他的儿子一脸无奈地答道："您不是让我买水果吗，市场上就有这些水果，您到底要吃什么？"

水果的种类很多，但是没有具体的水果，儿子与父亲之间之所以发生这样的事情，就在于父亲不认识具体的水果，不懂得水果作为一个抽象的概念包括多种品种不同的水果，也就是说父亲不懂得矛盾的普遍性和特殊性。那什么是矛盾的普遍性？什么是矛盾的特殊性？它们之间又有什么关系呢？

一、什么是矛盾的普遍性

矛盾的普遍性包含两个方面的含义：

第一，矛盾存在于一切事物的发展变化过程中，即自然界、人类社会以及思维都存在着矛盾。在自然界中，我们曾经在物理课上学到的机械现象中的作用与反作用、吸引与排斥、电学中的正负电荷、磁场中的正负极，在化学课中学到的原子核与电子、粒子与反粒子、氧化与还原、化合与分解，数学课中学到过的正负数、曲线与直线、微分与积分，生物课上学到的生命运动过程中的同化与异化、遗传与变异，这些事物都充满着矛盾。正是因为自然界一切事物都充满着矛盾，这些事物才能够不断地发展变化；在人类社会中，政治课中曾经学到过的生产力与生产关系之间的矛盾、经济基础与上层建筑之间的矛盾，正是这些矛盾推动着一切形态的社会不断发展变化。阶级社会中，也是如此，阶级矛盾是推动阶级社会不断发展变化的直接动力。在当代中国，也正是我国社会存在的基本矛盾推动着我国不断向前发展，不断进步；在人类的思维世界中，同样充斥着矛盾，反映客观矛盾的主观矛盾组成了思维世界中概念的矛盾，并推动了思想的发展和思想问题的解决，以及认识中的意见与分歧、正确与错误、知与不知。

第二，在每一个事物发展变化的过程中，矛盾贯穿在事物发展变化的整个过程。唯物辩证法认为，任何事物每时每刻都在运动，而运动的根本原因就在于事物内部的矛盾，正是事物内部的矛盾使得事物不是某一段时间静止，也不是仅仅某一段时间运动，而是无时无刻不在运动。

总之，矛盾的普遍性就是同类事物共同的本质、属性，矛盾无处不在，无时不有，没有矛盾就没有物质世界，没有事物的发展变化。

因此，矛盾普遍性原理就要求我们在分析问题的时候，不能回避矛盾，而是要先分析矛盾所在，依据矛盾寻找积极有效的应对方法。可以说，矛盾的普遍性原理有着重要的现实意义：在新中国成立初期社会主义社会中，人民内部是否存在着矛盾呢？如果有，这些矛盾是什么？党和国家能不能正确认识这些矛盾，怎样处理这些矛盾？怎样看待社会发展的根本动力？正确解决这些问题对于新中国成立初期的我国有着重要意义。对于当代中国社会也是如此，在社会主义现代化建设过程中，认识到社会发展中存在的矛盾才能够正确处理这些矛盾，推动社会主义现代化建设不断向前发展。

二、什么是矛盾的特殊性

矛盾不仅具有普遍性，而且具有特殊性。在分析问题、处理问题的时候不仅要遵从矛盾普遍性这一总的原则，还要懂得矛盾的特殊性。那什么是矛盾的特殊性呢？矛盾的特殊性就是各个具体事物、过程、阶段中所包含的特点有不同的矛盾，也称为矛盾的个性。各种事物之间之所以相互区别、存在着千差万别，就是因为每一个事物内部都包含着具有自身特点的、特殊的矛盾，正是它们使得某一事物区别于其他事物。正因为如此，提到《红楼梦》中的句子——一双似喜非喜含情目，态生两靥之愁，娇袭一身之病，就会想到林黛玉；提到身长九尺，髯长二尺，骑坐赤兔马，提一口青龙偃月刀，就会想到关羽，正是这种特殊性让我们辨识出一个个极具特色的人物。

矛盾的特殊性包含着两种情形：

第一，不同事物之间存在着不同的矛盾。就如《红楼梦》中描写的众多人物，《水浒传》中描写的108位绿林好汉，正是由于每个人物的个性、特殊性，我们才将其区别开来。

第二，不仅物质的各种运动形式中存在着具有特殊性的矛盾，同一种运动形式在不同的发展过程，同一种运动形式在同一个发展过程的不同发展阶段都包含着具有特殊性的矛盾。例如，在人类社会迄今为止所经历的原始社会、奴隶社会、封建社会、资本主义社会和社会主义社会这五种社会形态中，各种社会运动形态之间之所以能够被区分开来，也正是因为各种社会运动形态都具有其特殊的矛盾；有时虽然某一事物的基本矛盾未发生改变，但是随着事物的发展变化，其基本矛盾可能被激化、弱化或者局部地解决，因此在同一事物的同一发展过程的不同发展阶段所包含的矛盾也是各具特点的。

正是由于矛盾具有特殊性，所以在对待生活、工作中出现的问题时，不能不假思索地、不加区别地将所有的问题一刀切，正如俗语所说，不能一棍子打死人，而是要一把钥匙开一把锁，认识到矛盾的特殊性，在明确特殊性的基础上，有针对性地具体问题具体分析。例如，遇到油引起的火灾就不能用水灭火，而要用黄沙；遇到由某些化学药品引起的火灾就需要用二氧化碳灭火器或者四氧化碳灭火器。

三、主要矛盾与次要矛盾

辽沈战役——作为解放战争中具有决定性意义的三大战役之一，在开战前，东北战场上国共双方的情况错综复杂，有我军与锦州之敌的矛盾，也有与长春、沈阳之敌的矛盾。一旦开战，我军将如何分析这些矛盾，战役将从什么地方开始呢？毛泽东为什么要采取先攻打锦州的作战策略呢？怎样对待居于沈阳、长春的敌军呢？要解决这些问题就需要懂得主要矛盾与次要矛盾以及它们之间的辩证关系。那什么是主要矛盾，什么是次要矛盾呢？

（一）什么是主要矛盾

所谓主要矛盾就是在事物内部包含的多种矛盾中，对事物的发展过程起领导、决定作用的矛盾。例如，在辽沈战役中，锦州是通向关内的要塞，也是敌军关内外、海陆空军连接的总枢纽，同时更是国民党军队唯一的陆上物资补给基地。因此，能够攻下锦州成为辽沈战役能够取胜的关键。再如，同化与异化的矛盾，只要生物体没有死亡，同化与异化之间的矛盾始终是生物体内的主要矛盾。

（二）什么是次要矛盾

与主要矛盾相对应，次要矛盾就是在事物的发展过程中居于从属地位，对事物的发展不起决定性作用的矛盾。辽沈战役中，与攻打锦州相对比，我军与长春、沈阳的国民党军队之间的矛盾就属于次要矛盾。在我们的班级工作中，教学任务、班风、班级纪律、卫生都是班级的日常工作，但是与教学任务相对比，纪律、卫生、班风就属于次要矛盾。

（三）主要矛盾与次要矛盾的关系

主要矛盾与次要矛盾之间既有区别又有联系。区别就在于主要矛盾在事物的发展过程中居于支配地位，起决定性作用；而次要矛盾居于从属地位，不起决定性作用。

既然主要矛盾对于事物的发展过程起着领导、决定作用，那么是不是可以忽视次要矛盾呢？不可以，因为主要矛盾和次要矛盾之间又是相互依赖、相互影响的，在一定的条件下还可以相互转换。例如，在土地革命时期，即第二次国民革命时期，国内的主要矛盾是代表广大中国人民利益的中国共产党与代表大地主资产阶级利益的国民党反动派之间的矛盾，即阶级矛盾，而民族矛盾等则是次要矛盾；1931—1937年，随着日本侵华的逐渐深入，中日之间民族矛盾上升为主要矛盾，阶级矛盾转为次要矛盾；辽沈战役一开始，由于战争形势，我军与锦州敌军之间的矛盾是主要矛盾，而当锦州战役胜利之后，我军与沈阳、长春敌军之间的矛盾就突显出来，上升为主要矛盾。正如俗话所言，射人先射马，擒贼先擒王，我们在分析问题时，先找主要矛盾，抓重点、抓关键，即集中优势兵力攻打锦州。与此同时，我军也派出了一部分的兵力对沈阳、长春的敌军进行包围，对黑山、大虎山的敌军进行阻击。原因就在于，相对于主要矛盾，居于服从地位的次要矛盾对主要矛盾也会产生一定的影响，次要矛盾也影响着事物的发展。正如一个班级的纪律、卫生和班风不好，这个班级的教学成绩必定会受到影响。因此，分不清主要矛盾和次要矛盾是错误的，只重视主要矛盾而忽视次要矛盾也是错误的。就像人的十根手指，虽然各有长短，但是缺少了任何一根手指都难以弹奏出优美的钢琴曲。

因此，在一切具体工作中固然要先抓住主要矛盾，集中力量进行主要工作，同时也需要围绕着主要工作开展其他方面的工作，辅助主要工作的完成，否则将会阻碍主要工作的进行。也就是说，在主要矛盾与次要矛盾辩证关系的指导下，我们要坚持重点论：既要抓重点，又要统筹兼顾，处理好次要矛盾。

四、矛盾的主要方面与次要方面

（一）什么是矛盾的主要方面、次要方面

网吧作为一个主要提供网络连接服务的公共场所，为适龄人群的娱乐提供了平台，也是培养网络应用能力的良好平台，更是推动中国信息化发展的重要动力。然而，伴随着网吧的产生和壮大，网吧也成为青少年犯罪的重要发生地，不同程度地危害着青少年，使之荒废学业，甚至引发犯罪。为了避免网吧对青少年的危害，取缔网吧可行吗？要正确的分析这个问题，就需要懂得矛盾的主要方面和次要方面以及二者之间的关系。那么，什么是矛盾的主要方面呢？

既然是矛盾，就不可能是单方面的，必然存在着两个方面。然而，同一个矛盾的两个方面并非完全一样的，其力量是不均衡的，必然有一方处于支配地位，起主导作用，我

们将矛盾的这一方面称为矛盾的主要方面。当某个事物内部只存在这一对矛盾时，事物的性质就由这一矛盾的主要方面决定；当某事物内部存在多个矛盾的时候，事物的性质就由主要矛盾的主要方面决定。对于在矛盾双方中居于被支配地位，不起主导作用的矛盾称为矛盾的次要方面。例如，在我国存在着外资经济、个体经济，也有香港、澳门的资本主义经济等非公有制经济，而且公有制经济的比重还在减少，这些都不足以改变我国的社会主义性质。

（二）矛盾主要方面与次要方面的关系

如同前面提到过的主要矛盾与次要矛盾的辩证关系，矛盾的主要方面和次要方面之间既相互排斥，又相互依赖，在一定条件下还可以相互转化。

矛盾主要方面与矛盾次要方面的区别在于所处地位、作用的差异。矛盾的主要方面居于支配地位，起主导作用，而矛盾的次要方面居于被支配地位，不起主导作用。

同时，矛盾的主要方面与次要方面又是相互依赖的，在一定的条件下还可以相互转化。例如，对于人体的免疫系统这一人体抵御病原菌侵入的最重要安全卫士而言，当病菌的繁殖速度和总量超出身体的免疫能力时，疾病就会发生。此时，药物的作用就在于通过药物本身来提升人体的免疫力，抵抗病菌，一旦抵抗成功，疾病就会消失。再如，一再提到的党内的廉政建设，在党内，多数的党员和干部都是廉洁的，党的主流是好的，然而，一小部分党员干部却在滋生腐败。也就是说，不能因为党内存在少数的腐败就错误地定位党的腐败，也不能因为党的主流是好的，就忽视少数的腐败。

（三）方法论意义

第一，矛盾的主次方面相互依赖，在一定条件下相互转化，矛盾的次要方面对事物的发展也有一定的影响，这就要求我们在看问题的时候要全面地看问题。例如：改革开放以来，我国的经济发展取得了巨大的成就，经济实力和综合国力显著提升，经济和社会结构得到显著的改善，人民生活水平显著提升，国家的国际影响力也大幅度提升。但是也存在着一些问题，如城乡之间、东西部之间的发展不均衡、收入水平的差距等。但是不能因为存在问题就忽视所取得的成就，这是对改革开放的否定，也不能因为取得了巨大成就而忽视存在的问题，这样也不利于改革开放继续进行。正所谓，一趾之疾，丧七尺之躯；蝼蚁之穴，溃千里之堤。

第二，看问题要分清主次，抓主流。据说楚王某天上山打猎，他睁大眼睛四处搜寻猎物，忽然，从左边的树林中跑出一只梅花鹿，正要放箭之时，又从右边的树林中蹿出一只野鸡，楚王急忙转移箭头方向。忽然，又看见头顶飞过一只天鹅。此时的楚王眼花缭乱，不知将箭头对准哪一个方向才好，等想好了箭头所要对准的方向时，猎物早已不见了，最终落了一个一无所获。从矛盾的主次方面出发，楚王之所以没有收获猎物就是因为没有集中力量解决矛盾的主要方面。在矛盾的主次方面，矛盾的主要方面居于支配地位，起主导作用，决定着事物的性质，这就要求我们在看问题的时候要善于分清主流和支流，正所谓：扬汤止沸，不如釜底抽薪。

五、主次矛盾与矛盾的主次方面的方法论要求

结合前面提到过的主次矛盾辩证关系和矛盾的主次方面的辩证关系，主次矛盾与矛盾的主次方面的方法论意义就在于坚持两点论和重点论的相统一，反对离开两点的均衡论和脱离两点谈重点的一点论。

坚持两点论就是坚持在分析问题的时候不仅要看主要矛盾，而且要看到次要矛盾，不但要看到矛盾的主要方面，还要看到矛盾的次要方面。荷花的美丽正是因为绿叶的扶持，

不能只抓重点，而不顾其他，搞"单打一"。当一个事物存在着错综复杂的矛盾时，先要抓住主要矛盾，因为主要矛盾决定着事物的发展进程，例如，打蛇打七寸、牵牛要牵牛鼻子，不能不分主次，捡了芝麻丢了西瓜。当主要矛盾存在着多个方面时，需要先抓住主要矛盾的主要方面，分清主流和支流，而不能像寓言故事中的刺猬那样，因为多次上当，不相信任何一个表示友好的人，从而长了一身的刺来保护自己，最终虽然保护了自己却也失去了朋友。

对于现代社会科学技术的发展更是如此，基因工程、细胞工程等，一方面极大地推动了医药、农业等相关产业的发展，创造了巨大的经济价值和社会价值，同时又带来了不容忽视的负面影响。基因工程虽然使人们得以定向地改造生物的性状，但转基因产品是否安全却是任何人也不能担保的，转基因生物对生态系统的影响也有待进一步观察和研究。更严重的是，基因工程制造出来的"超级菌"如果不能够被严格控制，就将会给人类带来灾难。克隆技术虽然在动物育种、器官移植等领域给人们带来了福音，但生殖性克隆向传统的伦理观念发出了挑战，人类自身的进化也使得克隆技术面临着巨大的挑战。当然，这些负面的影响并不意味着可以忽视，更不意味着科学技术应该停滞不前。在坚持"两点论"和"重点论"相统一的原则下，大力发展现代科技使之造福人类，同时也要采取行之有效的措施防范其负面影响。

六、矛盾普遍性与特殊性之间的关系

矛盾普遍性与矛盾特殊性之间存在着区别，这些区别从前面提到的什么是矛盾的普遍性、什么是矛盾的特殊性的部分中可以明确地体会到。同时矛盾的普遍性与特殊性之间也是相互联系的，其联系就在于矛盾的普遍性与特殊性之间的相互依存、有机统一，矛盾的普遍性离不开特殊性，矛盾的特殊性也离不开普遍性。矛盾的普遍性存在于特殊性之中，只能通过特殊性而表现出来，即矛盾的普遍性寓于特殊性之中，没有矛盾的特殊性就没有矛盾的普遍性。例如：生活中我们总能看见形状各异、色彩斑斓的各种树叶，然而却找不到两片完全相同的树叶，原因就在于我们无论看到如何怪异的东西，只要具有树叶的共同特征，我们便能辨识出其就是树叶。但是每片树叶也都有自己的个性，如颜色、形状、薄厚、纹路等，存在特殊性，正因为如此，天地间才没有两片完全相同的树叶。再如：水果是含有果酸的、多汁且味甜的植物果实。苹果、梨子、香蕉等都属于水果，水果的普遍性绝不能离开苹果、梨、香蕉等特殊性而单独存在，同时正是由于苹果、梨子、香蕉自身的特点，即特殊性，我们才得以辨别出哪些是苹果，哪些是梨子，哪些是香蕉。

矛盾的普遍性不仅寓于特殊性之中，而且，矛盾的特殊性与普遍性之间的区别不是绝对的，它们之间没有不可跨越的鸿沟，而是在不同的场合下是可以相互转化的，普遍性的矛盾可以转化为具有特殊性的矛盾，特殊性的矛盾也可以转化为具有普遍性的矛盾。当然，这里提到的场合分为两种情况：从空间上来说，在一定范围内具有普遍性的东西，在另一个范围内就变成了特殊性的东西，反之亦然；例如：鸡立鹤群和鹤立鸡群，正因为空间范围的不同，使得鹤或鸡在某种情况下具有特殊性，而在另外一种情况下却具有普遍性；从时间上来说，在一定发展阶段具有普遍性的东西，在另一个发展阶段上就具有了特殊性。例如，前面提到过的人类社会迄今为止经历的五种社会形态，在这五种社会形态中，资本主义的基本矛盾是生产社会化与生产资料私有制之间的矛盾，是所有资本主义国家共同具有的矛盾，是他们共同面对的难题。但是对于整个人类社会的发展而言，资本主义社会是阶级社会发展到一定程度的产物，对于一般阶级社会中存在的生产力与生产关系这一对矛盾来说，资本主义国家生产社会化与生产资料私有制之间的基本矛盾就是矛盾的特殊性。

正是因为矛盾的特殊性与矛盾的普遍性之间相互依存、相互联结，所以在矛盾普遍性原理的指导下，我们要具体分析矛盾的特殊性，不断地实现矛盾普遍性与特殊性的统一，这是工作中科学的工作方法。例如，我们在工作中总会不断地接触到新鲜的事物、工作，在面对新事物或工作的时候，我们通常都会找到这些新事物的特点，总结经验，这些经验适用于大多数类型的工作。当然，我们并不仅是如此工作，考虑到不同事物的独特性，我们还要依据这些经验，对工作的程序或方法进行微调整，满足每一个事物的要求。这样的工作经历总结起来就是从特殊到一般，再由一般到特殊；不仅仅我们的工作经历着这样的过程，我们党的群众工作方法——从群众中来，到群众中去也体现了矛盾普遍性与矛盾特殊性相互联系这一原理。我国的农村税费改革也是先将某些个别的城市作为试点，从试点开始，总结经验，逐步地在全国推广。如果在工作中，只看到矛盾的特殊性或者矛盾的普遍性，忽视另一方，将会犯错误。例如，民主革命时期，我党的某些同志正是因为只看到了矛盾的特殊性或普遍性，而犯了右倾机会主义或"左"倾机会主义的错误。

矛盾普遍性和特殊性之间的辩证关系有助于我们正确认识事物。例如，从苹果落地到冥王星的发现，正是由于牛顿从具有特殊性的苹果落地这一现象开始，在对大量类似于苹果落地这样的现象进行分析、归纳的基础上发现了万有引力定律，进而在万有引力定律的基础上发现了冥王星。正是一次次地经历这样的过程之后，人类对于事物的认识才能不断地提升，不断地深入。

对于中国特色社会主义建设亦是如此。矛盾的普遍性和特殊性之间的辩证关系是建设中国特色社会主义的重要哲学基础。马克思主义基本原理揭示了社会主义的本质及其产生、发展的客观规律，任何一个国家的社会主义革命和建设都需要遵循社会主义产生、发展的客观规律，然而由于每个国家都有自己的国家情况，如：每个国家的地域、资源、人口情况不同、文化底蕴不同、已有基础不同、地域上的邻国及邻国状况也不相同，等等，因此在进行社会主义建设的过程中，不仅要遵循社会主义产生、建设的客观规律，更要考虑国家的具体国情。在我国社会主义现代化建设过程中，只有坚持将马克思主义的普遍真理同中国的具体国情相结合，找到适合自己发展的模式，才能不断地推动中国的社会主义建设，进行中国特色社会主义建设。例如：一方面要坚持生产资料公有制、按劳分配、共产党领导、人民民主专政等社会主义的共同特征，同时又要结合我国的具体情况，确立以按劳分配为主、多种分配方式并存等适合我国国家具体情况的制度，使得社会主义现代化建设具有中国自己的特色。现阶段，中国特色社会主义建设取得巨大成就的关键就在坚持社会主义基本原理的同时，结合我国的具体国情，制定适合我国具体国情的各项制度。当然，中国特色社会主义建设取得的巨大成就还需要具有与时俱进的指导思想——毛泽东思想、邓小平理论、"三个代表"重要思想和科学发展观，它们都是马克思主义基本原理与当代中国实际情况和时代特征相结合的产物，是当代中国的马克思主义。

可以说，矛盾特殊性与矛盾普遍性之间的辩证关系是矛盾问题的精髓，不懂得矛盾普遍性与矛盾特殊性之间的辩证关系就不懂得辩证法。

第三节　矛盾的同一性与斗争性

一、什么是矛盾的同一性

既然矛盾意味着必然是两方面的，那么矛盾双方的同一性就是在探讨矛盾双方的同一关系。矛盾双方的同一性包含两个层面的含义：第一，矛盾双方在一定条件下共处于一个统一体中；第二，矛盾的双方在一定的条件下能够相互转化。

矛盾双方在一定条件下共处于一个统一体中意味着矛盾的双方是相互依赖、互为前提的，一旦一方消失，另一方也就不再是自己本身。例如，机械现象中的作用与反作用、吸引与排斥、电学中的正负电荷、磁场中的正负极，化学中的原子核与电子、粒子与反粒子、氧化与还原、化合与分解，数学中的正负数、曲线与直线、微分与积分，生命运动过程中的同化与异化、遗传与变异，在人类社会中的生产力与生产关系、经济基础与上层建筑、专政与民主，思维世界中的真理与谬误、意见与分歧、正确与错误、知与不知，等等。一切矛盾的双方都是因为对方的存在而存在，一旦失去一方，另一方也就不存在了。如果矛盾的一方消失之后，另一方还依然存在，那么这两个方面一定不是一对矛盾。正如老子在《道德经》中所言：天下皆知美之为美已；皆知善之为善，斯不善已。故有无相生，长短相形，高下相倾，音声相和，前后相随。

矛盾的双方不仅仅相互依存，而且在一定条件下是可以向着相反的方向转化。矛盾的一方为什么会向相反的方向转化，而不是随意地转化呢？正如，作为矛盾对立面存在的正确与错误可以相互转化，但是无论是矛盾的哪一方面都不能与毫无关系的海水相互转化。原因就在于矛盾的双方犹如在同一条线段的两端相向而行，只有矛盾双方相向而行，才能汇出一条完美的线段，才能让问题得到恰当的解决。另外，在谈到矛盾双方在一定条件下可以向着与自己相反的方向转化时，需要注意：没有永远也转化不完的、永不灭亡的矛盾双方，也没有永不转化的矛盾双方，也就是说旧事物必然会走向灭亡，新事物也必将诞生。这一点恰恰也是资产阶级最为恐惧的，也是辩证法的革命精神所在；同时，矛盾双方转化的前提——一定的条件是必需的，没有条件不会有转化，条件抽象、不具体、不现实，也不会有转化。例如：资本主义转化为社会主义，社会主义也需要物质极大化丰富等条件作为基础才能转化为共产主义。因此，具体地分析每一对特殊的矛盾双方转化所需要的具体条件，从而发挥人的主观能动性，可以有效地促进事物向预期的方向发展，避免事物的发展偏离预设轨道。

二、什么是矛盾的斗争性

同一性只是矛盾双方的一个方面属性，另一个方面的属性就是斗争性。所谓斗争性就是矛盾的双方相互对立、相互排斥，体现出矛盾双方相互分离的倾向。当然，这里所提到的斗争是从哲学范畴来讲的，不能从日常生活中理解的两个人起冲突所表示的斗争混淆。作为哲学范畴的斗争，仅仅表示对立面之间的相互排斥，当然排斥的形式可以是多种多样的，可以是当前中国社会发展中的东西部发展不均衡，也可以是奴隶社会中，奴隶主阶级与奴隶阶级之间的斗争，还可以是中国共产党和各个民主党派在一些问题上春风拂面地协商，因此，不能片面地将斗争等同于对抗。

解决矛盾的方式只有斗争，正如前面提到过的新事物与旧事物之间，一山必定不能长期容二虎，必然要通过矛盾双方力量的增减最终决定斗争的结果，而斗争的结果意味着事物的性质必定发生改变。没有斗争就没有事物的发展，更没有事物性质的变化，更谈不上变革。就像花朵对于春天来说固然很重要，但是如果只有一种花绽放必定也不能称之为春天，百花齐放才是春。对于我党更是如此，党内同志的团结固然重要，但只有团结还远远不够，更需要同志之间的批评，各种思想之间的斗争，唯有这样才能够更加团结。

三、矛盾同一性与斗争性的关系

矛盾的同一性与斗争性的关系可以从两个方面来理解：

第一，无论是矛盾的同一性还是矛盾的斗争性都是矛盾不可或缺的属性。只要是一对矛盾，它的双方必然是相互依存、互为前提的，同时也是相互斗争、相互对立的。失去了斗争性的同一性只存在于形而上学者的观念中，是僵死的同一性；失去同一性的斗争性更是无从谈起，因为现实生活中两个毫无关系的东西何谈斗争呢。就像没有了嘴唇的保护，牙齿就会感到寒冷；有唇无齿更没有任何作用。在战争中也是一样，防守和进攻是战争不可或缺的，不存在只有进攻的战争，也不存在只有防守的战争。生活中没有成功就无所谓失败，没有悲伤的存在也就体会不到什么是快乐。阶级社会中对立阶级之间更是如此，资本主义社会中的剥削阶级资产阶级和被剥削阶级无产阶级共存于资本主义社会的生产方式中，如果没有被剥削阶级，剥削阶级也将不存在。资产阶级与奴隶阶级之间就不存在任何的依存关系，因此它们之间也就没有斗争。

第二，矛盾的斗争性是绝对的，同一性是相对的。正如前面提到过的，矛盾的双方处于同一性的状态下有两种情形：第一种是因为一定的条件，矛盾双方处于一个统一体内。在这种情况下，事物内部正在进行着量的变化，事物本身表现为相对静止的状态；第二种是因为一定的条件，矛盾的双方正在转化为对方所处地位的过程中，此时，事物本身明显地表现出变动，即事物正处于质的变化过程中。共居的矛盾双方何时处于相对静止的状态，何时处于显著的变化状态取决于一定的条件。正是因为需要一定的条件，所以矛盾双方的同一性是相对的。

之所以说矛盾的斗争性是绝对的，是因为无论是矛盾双方共居于统一体内表现出来的矛盾的相对静止状态，还是显著变化状态，矛盾的双方本身并不是静止的，而是始终在斗争，可以说斗争贯穿于矛盾的整个过程，因此矛盾的斗争性是绝对的。正是因为如此，矛盾双方的力量对比才会发生变化，才能实现事物量的变化；也正是由于矛盾双方绝对的斗争性，矛盾双方才能转化为对方所处的地位，事物才能发生质的变化。

正是因为同一性和斗争性是矛盾双方不可或缺的基本属性，所以事物的发展不仅表现为相反相成，而且表现为相辅相成。自觉地认识、利用矛盾的这两方面力量对于推动事物的发展具有重要意义。例如，20世纪初期，落基山山脉的凯巴伯森林中约有4000头野鹿，还有一群群野鹿的天敌——狼。为了保护鹿群，美国总统在1906年决定屠杀狼群，让鹿群的生活安定，无忧无虑。在狼群被枪杀之后的一段时间内，鹿群的数量急剧增长，繁殖兴旺的鹿群吃光了草原上的食物，毁坏林木。草原上食物的有限性和鹿群数量急剧增加之间出现了矛盾，以至于鹿群陷入饥饿，以草为食的其他动物数量也急剧减少。为了使鹿群的数量得到控制，草原的植被恢复到应有的状态，美国政府在20世纪70年代制订计划将狼群引入草原，这一计划最终在1995年得到实施。美国政府保护鹿群的行动之所以出现这样的经历就在于初期没有意识到矛盾的统一性和斗争性，好心办了坏事。其实，中国传统文化中包含着矛盾的同一性和斗争性，例如，"君子和而不同，小人同而不和"、中庸之道，等等。构建和谐社会的重要依据正是矛盾的同一性和斗争性，尤其是矛盾的同一性，和谐社会的构建过程就是在不断化解、解决社会矛盾的持续过程。

第三章　质量互变规律

第一节　量与质

质量互变规律是对立统一规律的具体表现形态之一。这个形态表明事物的发展总是由量变到质变的过程。在我们了解事物的量变质变过程之前，需要先了解事物的量、质和度三个概念。

一、什么是质

简单地说，质就是一个事物区别于其他事物的、特殊的内在规定性。质是一个事物可以成为它自身而不是别的事物的内在规定性，这种规定性是事物内部所固有的。特定的质就是特定事物存在本身。质和事物的存在是直接同一的，因为某个事物之所以存在，之所以是它自己，并且与其他事物相区别就在于它拥有完全不同的质。大千世界，万事万物形形色色，迥然不同，差异万千。A事物之所以是A，而不是B，就是因为A事物具有B所不具有的特性，这种特性就是事物的质。例如，每当看到雪花纷飞，你就会想到银装素裹的冬天；看到万物复苏，花儿开放，你就会想到春回大地。这是因为每个季节都具有自身的质，自身的质使得它区别于其他季节。现实生活中这种例子比比皆是。国有企业不是外资企业，外资企业不是合资企业，都是因为它们具有自身独特的质。人之所以区别于一般动物，就在于人是有语言、能思维、会制造和使用工具，从事生产劳动的高级动物。军队之所以不同于其他社会组织，就在于军队是执行特殊政治任务的武装集团。水有三态，但它们都是水的表现或现象，其本质仍然是H_2O。

质和事物具有同一性，事物的质和事物是不可分割的，不可分离的。当我们说到事物的质，总是指的某个事物的质。离开具体事物我们无法谈论质，离开具体事物的质是不存在的。同样的，当我们提到某个事物的时候，总是指具有特定质的事物。不具有特定质的事物也是不存在的。如果事物失去了质，那么我们很难区分事物之间的差别。例如，雪在太阳照耀下变成水，那么雪就不是雪。可以吃的东西如果变质，和有毒的物质对人类身体健康有害一样，那么食物就不是食物，它就失去了食物的特性，具备了有毒物质的质。由于质是事物的内在特性，而这种特性必须通过与其他事物的特性相对比才能够辨别，而事物与其他事物的关系总是复杂多变，因此事物的质在很多时候都会表现出很多属性或特性。例如，一个人，既有与动物相区别的质，又有健康状况方面的质，也有政治思想方面的质，还有科学文化方面的质。一支步枪，既有材料方面的质，也有功能方面的质，还有工艺方面的质。因此可以说事物具有多方面的质，人们可以从不同的角度来看待同一个事物，对待同一个事物可以表达不同的观点。但是无论是在日常生活中，还是在科学研究中，一个人都无法把一个事物所有的质都了解和掌握，无法面面俱到地辨别事物的各个质。其实，我们不需要把事物所有的属性都掌握，因为这是不可能的，也是没必要的。我们只需要根据日常实践的需要，有选择地掌握事物的几个方面。

二、什么是量

量是事物的规模、发展程度、速度以及它的构成成分在空间上的排列组合等可以用数量表示的规定性。事物的量是用来表示事物质的范围和等级的范畴。例如颜色的深浅、海拔的高低、速度的快慢、人均资源占有率的高低、生活水平的高低，等等，都是事物量的规定性。量的规定性又可以分为两种，一种是外延的量，一种是内涵的量。外延的量是表示事物存在的范围和广度的量；内涵的量是表示事物等级程度、构成方式和功能过程的量。事物量的规定性同事物质的规定性一样，也是事物本身所固有的，是客观存在的，同事物不可分离。一方面，事物总是具有一定量的事物，没有量的事物是不存在的；另一方面，量总是一定事物的量，脱离开事物的量也是不存在的。例如，当我们说"这是书"时，总是有一定数量的，是一箱书、一堆书或者是一本书。反之，当我们说一箱、一堆、一本时，总是指一定事物的数量。数学是从"纯粹"形态上研究量的科学，它研究数和形以及二者关系的变化，但数和形的原型则是现实事物的数量关系和空间形式。恩格斯指出："数和形的概念不是从其他任何地方，而是从现实世界中得来的。"

理解事物量的规定性，要注意把握两点：量的规定性和事物不是直接同一的。质的规定性与事物的存在是直接同一的，某一事物失去了自己的质，该事物就变成了他事物。量的规定性则不同，同一事物可以有不同的量。在一定的范围内，量的增减并不影响事物的质。比如，五斤大米和十斤大米虽然量有所不同，但它们并无质的区别，都是大米；一个人从1.6米长到1.8米，体重也增加了，但这个人还是这个人，并没有发生质的变化；在标准大气压下，把50℃的水加热到80℃，水并不会发生质的变化。这些都是量的规定性与事物的存在不是直接同一的具体表现。量的规定性是多方面的。量和质一样，也是多种多样的。有内涵的量与外延的量、精确的量与模糊的量、要素的量与结构的量等。内涵的量标志着质的程度，如温度的高低、颜色的深浅、硬度的大小。外延的量标志着质的规模，如物的数量、体积、重量等。质把不同的事物区别开来，量则进一步把同质的事物从量上区别开来，量和事物的存在不是直接同一的，同质的事物可以有不同的量。事物的量虽然是多方面的，但在特定的认识和实践中，人们没有必要也没有可能把握一切方面的量，而总是根据实践的客观需要考察其中某一方面或某些方面的量。研究事物量的规定性，同研究事物质的规定性一样，不能脱离实践的客观需要。

三、质与量的关系

量和质虽然都是事物必不可少的规定性，但是二者之间是对立和统一的关系。所谓的对立指的是质是事物的内在规定性，而量是事物的外在规定性。所谓的统一，指的是任何质都是由一定量的质所构成，而所有的量都是具有一定质的量。在现实世界中，不存在纯粹的质，也不存在纯粹的量。事物量和质之间的对立不是绝对的，在一定时期和一定条件下，量和质可以相互转化。

在对事物的认识中，认识质是基础、是前提，认识量是深化、是精确化。认识事物的质是认识事物的开始，是认识量的前提；由质进到量，认识事物的量是对事物认识的深化和精确化。在实践中，没有对事物质的认识，那么认识事物的量是没有意义的。对于事物的认识一般都是先从认识事物的质开始，然后再逐渐认识事物的量。虽然事物的质极其重要，但是事物的量同样也不可忽视。因为只有充分把握具体事物的具体的量，才能更加深刻、全面地理解事物的质。另外只有认识到事物的量，才能根据量的不同来评估事物的作用和地位，才能更加有的放矢地进行工作、生活等安排。在日常生活中我们很多时候都会同时把定性认识和定量认识相结合。

在科学研究中，确定事物及其状态的性质，叫作定性研究；对事物进行数量分析是定量研究。定性是定量的基础，定量是定性的精确化，把定性和定量结合起来是科学实验和调查研究的重要任务。在没有对事物进行定量研究、弄清数量关系、找到决定事物质的数量界限之前，人们对事物的认识还是初步的、粗略的，因而难以对实践进行准确具体的指导。由定性到定量的发展，是人类认识发展的规律，也是科学进步的规律。在现代科学研究、生产实践、经营管理和社会生活等方面，都离不开数量分析和定量研究。在现代，数学的应用已经达到非常广泛的程度，"宇宙之大、粒子之微、火箭之速、化工之巧、地球之变、生物之谜、日用之繁，无处不用数学。"对此，马克思曾经指出：一门科学只有能够成功地应用数学时，才算达到了真正成熟的地步。这是对认识和把握事物量的重要性的充分肯定和高度概括。

四、什么是度

度是事物质和量的统一，是事物保持自己质的数量界限、范围和幅度。在日常生活或科学研究中，暂时性地抛开质来研究事物的量是可以的，抛开事物的量来研究事物的质同样行得通。但是如果想从根本上把握事物的规律，就必须从度的角度来把握事物的质和量。只有在一定的范围内来认识事物的质和量，才能从根本上正确地认识事物的客观规律。任何事物都存在一定的度。正如伟大的哲学家和思想家黑格尔所言："凡一切人世间的事物——财富、荣誉、权力，甚至快乐痛苦等——皆有其一定的尺度，超越这尺度就会招致沉沦和毁灭。"人类社会的万事万物都存在一定的度，而大自然也一样。例如，在标准大气压下，水保持其自己液体的物理性质的度就是零摄氏度到一百摄氏度，这个度的两端就是事物的关节点和临界点。还有，比如在一定的温度内，工人可以对铁进行锻压，而超出一定的温度，铁块则变成铁水无法锻冶。当一个人生病看医生的时候，医生总是根据病情开一定的药，并且叮嘱病人按时定量吃药。这里面就存在着度的问题。如果药量不够，则无法起到疗效；而如果药物过量，则会导致副作用，甚至影响病人的生命安全。还有，在平时的家庭教育中，父母对孩子的管教问题也存在一个"度"的问题。如果管教过严，则可能导致孩子的逆反心理，且影响孩子的心理健康，孩子会变得具有依赖性，缺乏独立性，并且遇事往往没有主见；而如果管教过松，则可能导致孩子过度放纵自己，影响正常的健康发展。所以，家庭教育中存在一个度。对于一个国家的发展来说，度也是一个重要的问题，甚至在某种程度上决定了国家的命运和人民的生活。例如，一个国家在发展中，如何平衡经济发展和环境保护，生态保护的关系；如何处理公平、效率之间的关系，也存在一个度的问题。因为过于倾向于某一个方面都存在极大的弊端。如果经济过于发展，那么环境污染、生态破坏会影响人民的生活和国家可持续发展；而如果过于重视环境保护，经济发展停滞不前，那么人民的生活就无法提高。由此可见，无论是国家发展、经济发展、社会进步，还是生活现象、自然现象，都存在着一个度的问题。事物质和量的统一不仅表现在质总是一定量的质，而量总是一定质的量，而且还表现为质是一定数量范围内的质。在一定的范围内，量的变化不会导致事物质的改变，而超过这个度，事物的质就会发生变化。事物只有在一定的范围内才能保持稳定性，只有在关节点中，事物才能保持自身的质。因此事物的质和量在特定的度的范围内，通过相互结合和相互规定来保持一种统一状态。一旦事物的度被超出或被破坏，那么事物的质和量就会发生分裂，从而形成新的质和量的统一体。

五、质、量、度的方法论意义

质、量、度作为规范事物存在的基本范畴，其方法论意义在于：

第一，对事物分析应该坚持定性分析和定量分析的统一。所谓的定性分析是判断事物具有的各种因素、属性及其运动状态的分析；定量分析是判定各种因素、属性的数值和数量关系的分析。二者是相互补充和统一的关系。定性分析是定量分析的前提和基础，没有定性的定量是一种盲目的和数量简单计算的分析；而没有定量分析的定性是一种空洞的分析，是没有充分证据的理论臆想。定量分析使得定性分析更加准确和科学，可以促使定性分析得出广泛而深刻的结论。一般而言，定性分析在人文社会科学领域中，如哲学、人类学、历史学和政治学等领域中广泛使用。它通过分析事物的一般现象，可以获得定量分析无法获得的信息，从而达到理解人类想法、动机和感受等深层次的内容。而定量分析在自然科学领域中广泛使用，其利用实验或者观察到的数据，在定量分析的基础上，进一步加深对事物的定性分析，定量研究是定性研究的深化和精确化。如果在日常生活、工作或者科研实践中，对事物的分析仅仅停留在定性分析的基础上，不去深入了解事物质的度，那么这种认识是肤浅的和缺乏充分依据的，就无法给实践行为指导性的方针和意见。当然，在研究具体事物之际，我们在方法上采取一种先后顺序。我们可以先抛开事物具体的量，采用定性的方法来分析事物的质；进而在此基础上对事物进行定量分析。这个过程其实就是对事物的度的一个深入分析和考察。

第二，坚持适度原则。事物度的重要性的意义告诉我们，做任何事情都要坚持适度的原则，掌握分寸，过犹不及。所谓的适度原则就是主观的认识和行为必须同客观事物的度相结合。我们常常听到的俗语很好地表达了适度原则。例如，"注意分寸""过犹不及""适可而止""不要得寸进尺"，等等，讲的都是适度。这个原则告诉我们，不能简单地断定保持事物的度或者突破事物的度是正确还是错误的。不能简单地认为质的改变、度的破坏都是好事，也不能简单地把度的保持都视为保守。

我们来看一个有关适度原则的寓言故事——猴子种葡

萄。猴子想学种葡萄，它偷偷地来到葡萄园。它爬到树上，看到工人们正在给葡萄树浇水，心想："种葡萄需要水，原来种葡萄这么简单啊！我要给葡萄苗浇更多的水，让它结更多的葡萄。"它急急忙忙地回到自己的家，把许多葡萄苗种在小河里，但是很快葡萄苗就被淹死啦。猴子又来到葡萄园里，它看见园丁在给葡萄秧施肥料。心想："原来葡萄需要肥料，我要给葡萄施更多的肥料，就能结更多的葡萄。"他急急忙忙地跑回家，把葡萄秧栽在粪堆上，葡萄秧被烧死了。猴子再次来到葡萄园里，这时已到了冬天，猴子看见园丁用稻草把葡萄秧包起来埋在地下，就说："哦，原来我的葡萄秧栽不活，是因为葡萄秧苗害怕寒冷。这次我定要着意保护，使它免受风霜。"第二年春天，猴子按照园丁的方法，用稻草把葡萄秧苗埋在泥土里，它天天盼望着，但是没过多久，葡萄秧苗就死了。这个寓言故事很好地告诉我们做事情要从实际出发，坚持适度原则，过犹不及。大家知道，葡萄需要水分才能生长、发芽和结果，但是过度的水会把葡萄杀死，更不用说种在河里；葡萄的生长同样需要肥料，但是过多的肥料不但无法让葡萄长出更多的果实，反而会由于葡萄吸收不了，而导致葡萄秧苗的死亡。任何事物都必须保持一定的度，只有在这个度中，量的变化才不会导致事物发生根本的质变。否则，事物就会超出预期，产生意想不到的变化。

在人际交往和社会活动中，掌握适度原则同样也很重要。学会在交际过程的适度技巧就能游刃有余地处理人际交往的事情。让我们来看一个例子：一次，美国著名作家马克·吐温在教堂里听牧师演讲。起初，他觉得牧师的演讲非常精彩，自己深受感动，准备捐出身上所有的钱。十分钟后，牧师还没讲完，他有些不耐烦了，打算只捐些零钱。又过了十分钟，牧师还一直继续着他的演讲，他厌恶之至，立即改变初衷，决定一分钱也不捐赠了。在牧师终于结束演讲开始募捐时，马克·吐温由于气愤，分文未捐。在心理学上，这种由于人的机体受到刺激过多、过强或持续时间过长，从而引发的心理不耐烦或逆反心理的现象，就是"超限效应"。"话说三遍淡如水"，没完没了地说教，往往让对方产生听觉疲劳，甚至让人极度反感，反而达不到说服的目的。相反，言简意赅地批评既能避免让受众产生反感情绪，又能留出空间让他自我反思，更容易让对方接受自己的意见。如果牧师能够坚持说教的适度原则，那么就不会引起观众的反感，在适当的时候停止说教，观众会在这个时候进行捐款。如果过度的说教反而引起相反的效果。同学们之间的相处也存在一个度的问题。俗话说："良言一句三冬暖，恶语伤人六月寒。"当同学们受窘时，不妨说几句解围的话；当同学失落时，说几句暖心的话；当同学遇到挫折和失败时，说几句安慰的话；当同学取得成功时，说几句祝贺的话；当同学自卑时，说几句鼓励的话。

在学校和家庭教育中，在对孩子的批评教育中坚持适度原则极其重要。过度的批评不仅无法起到积极的作用，学生不仅不会改正，而且还会产生厌烦和逆反心态，使得结果适得其反。有很多老师和家长在孩子犯错以后，往往在批评完以后，意犹未尽，接着对学生进行重复批评。家长和老师往往会觉得一次批评不能让学生产生深刻的教训，因此不惜一而再再而三地重复说教和训斥。但是从心理学的超限效应来讲，老师和家长可以利用适度的批评对学生加以训导，从而起到四两拨千斤的作用。我们在批评的时候需要有一个度，但是对于学生和孩子的表扬是不是越多越好呢？其实表扬和批评一样也存在着一个适度的原则问题。俄国作家克雷洛夫有一篇著名的寓言故事叫作《杰米扬的汤》，叙述了这样一个故事：一天，热情好客的杰米扬精心熬制了一锅鱼汤，请好朋友福卡前来品尝。鱼汤确实很鲜美，福卡也吃得很饱，可是杰米扬依然一个劲地劝福卡继续吃。福卡为了不驳朋友的面子，只好装作吃得津津有味，把盆子里的汤喝了个精光。可怜的福卡虽然喜欢喝汤，但这样喝却跟受罪一样。他马上站起身来，抓起帽子、腰带和手杖，用足全力跑回家去了，从此再也不来杰米扬家了。热情好客本来是件好事，可是仍需要有个"度"的限定，如果给予过量就会给受众带来沉重的负担，以至于产生厌烦的情绪。同样的道理，表扬也不例外。适当的表扬会让被表扬者心情愉悦，同时也显示出自己的风度，然而表扬过多却会产生负面效果，让听众对你的表扬习以为常，甚至怀疑你的诚意。

第二节　量变与质变

一、什么是量变与质变

量变就是事物量的规定性的变化，是事物数量的增减、场所的变更以及事物内部各个组成部分在空间排列组合上的变化。人们平时观察到的统一、相持、平衡和静止等，都是事物处于量变过程中所呈现的状态和面貌。质变是事物性质的变化，是一种质态向另一种质态的转变。质变主要表现为根本性的、显著的突变，是对原来事物度的突破，是事物在发展过程中渐进性和连续性的终端。质变过程中所呈现的是事物统一物的分解、相持、静止和平衡的破坏等，就是质变过程中所呈现的面貌。

量变和质变是不同的，是事物发展的两种状态，两种形式，但二者又是统一的。由冰变成水，由水变成水蒸气。这是一种简单的量变引起质变的过程。古代人在长期的社会实践中也曾经提出过许多经典的量变引起质变的道理。例如：不积跬步，无以至千里；不积细流，无以成江海；千里之堤毁于蚁穴；为山九仞功亏一篑；积羽沉舟，群轻折轴。这些古老的成语都包含着辩证的量变与质变的关系的认识。下面我们通过一些案例来简单地对量变和质变的关系进行一些认识和了解。

在印度有一个古老的传说：舍罕王打算奖赏国际象棋的发明人——宰相西萨·班·达依尔。国王问他想要什么，他对国王说："陛下，请您在这张棋盘的第1个小格里，赏给我

1粒麦子，在第2个小格里给2粒，第3小格给4粒，以后每一小格都比前一小格加一倍。请您把这样摆满棋盘上所有的64格的麦粒，都赏给您的仆人吧！"国王觉得这要求太容易满足了，就命人给他这些麦粒。当人们把一袋一袋的麦子搬来开始计数时，国王才发现：就是把全印度甚至全世界的麦粒全拿来，也满足不了那位宰相的要求。那么，宰相要求得到的麦粒到底有多少呢？总数为：$1+2+4+8+\cdots\cdots+2^{63}=2^{64}-1=18\,446\,744\,073\,709\,551\,615$（粒）。人们估计，全世界一千年也难以生产这么多麦子!

从这个故事中，我们可以看出聪明的国王犯了一个大错误：他忽视了量变，不懂得事物的量变与质变的辩证关系，在那些他看来似乎微不足道的数字面前吃了大亏。

我们再来看两个有意思的寓言故事。愚人吃盐的故事，讲的是从前有个愚人，到别人家做客，吃菜嫌弃淡而无味。主人知道后，给他加了一点盐，他吃了后便觉得味道很美。而后他想，味道好是因为有盐，加了那么一点点盐就那么好吃，多加一点岂不更加好吃？于是他就大吃起盐来，其结果又苦又涩。笨人吃饼讲的是从前有一个人肚子饿，狼吞虎咽地吃了一个饼子。他觉得没有吃饱，就又接着吃了五个，还是没有感觉饱。于是他便吃了第七个饼子，吃了几口，便觉得饱了。这个人非常后悔，心想，我今天都饱了，是因为吃了这半个饼子，前面吃的六个都浪费了。如果早知道吃这半个饼子就会饱，我先吃这半个就好了。愚人吃盐的故事没有认识到量变与质变的关系。一定数量的盐会使食物味道有滋有味，但过了量，就会转变为又苦又涩了——只强调和看到了量变看不到质变。笨人吃饼虽然和愚人吃盐不同，但也是不懂量变达到一定程度就会引起质变。他吃饼吃饱了，其本身就是一口一口吃饼，吃饼就是量的积累过程。吃饱了不仅是第七个饼子的作用，更是吃了全部饼的作用，最后的那半个饼子只不过是由量变到质变发生转化的关键点——只意识到了质变而没看到量变。

二、从量变到质变

在一切领域中都存在着量变引起质变的现象。在物理现象中，水的汽化、溶液的沸腾、金属的溶解都是事物量变引起质变的鲜明例证。电磁波的波长的变化没达到一定的程度，都会导致出现不同的光线。而放射性元素原子的衰变也是量变引起质变的过程。在化学领域中同样存在量变引起质变的现象。例如化学元素的性质是取决于该元素的核电荷数，并与核电荷数成周期性的依赖关系。生物现象中也存在着类似的现象。物种发展的历史很好地证明了物种的变化不是那种稳定性的进化，而是由量变引起质变的过程。旧物种在环境中不断变异，而新的性能和性状在积累了一定的程度中发生突异性，旧物种就发生质变而成为新物种。人类社会发展领域和思维领域中同样存在着量变引起质变的现象。大千世界中，事物量变引起质变的形式多种多样，一般而言，可以分为两种形式：由数量的增减引起质变和由场所的变更引起质变。

第一种形式：数量的增减，达到一定程度就会引起质变。例如元素原子核电荷数的增加，会使得一种元素转化为另外一种元素。另外一种形式：尽管事物的数量没有发生变化，但是构成事物的成分在排列的顺序上发生一定的变化，这种量变也会引起质变。让我们从一个著名的故事开始谈起。这个故事就是萧伯纳的故事，讲的是：英国的大文豪萧伯纳先生，虽然才华横溢，但是人长得瘦小，谈不上英俊潇洒。有位漂亮的女演员非常爱慕萧伯纳，写信向他求婚。信中写道，亲爱的萧伯纳先生，如果我们可以结为夫妇，生下的孩子像你那样聪明，像我这样漂亮，那我们就是世界上最幸福的人了。可是萧伯纳对这位女演员却没有感觉，于是他就回信写道：尊敬的女士，这万万不能，假如孩子像我这么丑，像你那样笨，那我们不就是世界上最不幸的人吗？这个故事就很好地体现了构成事物的成分在结构和排列次序上发生变化，也能引起质变的哲学理论。

另外，我们再来看一个著名的田忌赛马的故事。齐国的大将田忌，很喜欢赛马，有一回，他和齐威王约定，要进行一场比赛。他们商量好，把各自的马分成上、中、下三等。比赛的时候，要上马对上马，中马对中马，下马对下马。由于齐威王每个等级的马都比田忌的马强一些，所以比赛了几次，田忌都失败了。有一次，田忌又失败了，觉得很扫兴，比赛还没有结束，就垂头丧气地离开赛马场，这时，田忌抬头一看，人群中有个人，原来是自己的好朋友孙膑。孙膑招呼田忌过来，拍着他的肩膀说："我刚才看了赛马，齐威王的马比你的马快不了多少呀。"孙膑还没有说完，田忌瞪了他一眼："想不到你也来挖苦我！"孙膑说："我不是挖苦你，我是说你再同他赛一次，我有办法准能让你赢了他。"田忌疑惑地看着孙膑："你是说另换一匹马来？"孙膑摇摇头说："连一匹马也不需要更换。"田忌毫无信心地说："那还不是照样得输！"孙膑胸有成竹地说："你就按照我的安排办事吧。"齐威王屡战屡胜，正在得意扬扬地夸耀自己马匹的时候，看见田忌陪着孙膑迎面走来，便站起来讥讽地说："怎么，莫非你还不服气？"田忌说："当然不服气，咱们再赛一次！"说着，"哗啦"一声，把一大堆银钱倒在桌子上，作为他下的赌钱。齐威王一看，心里暗暗好笑，于是吩咐手下，把前几次赢得的银钱全部抬来，另外又加了一千两黄金，也放在桌子上。齐威王轻蔑地说："那就开始吧！"一声锣响，比赛开始了。孙膑先以下等马对齐威王的上等马，第一局田忌输了。齐威王站起来说："想不到赫赫有名的孙膑先生，竟然想出这样拙劣的对策。"孙膑不去理他。接着进行第二场比赛。孙膑拿上等马对齐威王的中等马，获胜了一局。齐威王有点慌乱了。第三局比赛，孙膑拿中等马对齐威王的下等马，又战胜了一局。这下，齐威王目瞪口呆了。比赛的结果是三局两胜，田忌赢了齐威王。还是同样的马匹，由于调换一下比赛的出场顺序，就得到转败为胜的结果。这则故事包含了由于构成事物的成分在空间排列顺序上不同而产生质变的哲学道理。田忌采用了孙膑的意见，马仍然是原来的马，只是改变了赛马的出场顺序，比赛结果就由输变赢了。这就启示我们，要促使事物向好的方面发生质变，不仅需要注意事物量的变化和积累，还需要把握事物的空间结构形式的变化，这样才能在社会工作生活中发挥自身的优势，扬长避短，从而夺得胜利。

由此可见，无论是鬼魅的大自然的化学现象还是物理现象，或是复杂的社会系统，人类发展都是一个从量变到质变的过程。但是我们知道事物的质是多种多样的，而量也是许多方面。因此在我们利用理论分析实际的量变质变问题时，必须注意二者之间一一对应的关系。事物的一种量变引起的质变并不是任意的和随机的质变，这种质变和量变是对应的关系。只有注意到这种一一对应的关系，我们才可以更好地认识生活中量变所引起的质变，才能更好地利用量变引起质变的理论去分析问题，帮助我们解决问题。例如动物体有多种量变，身体的新陈代谢会引起生理的质变，而生理的质变则会引起情绪的变化。

但是另外一个重要问题是事物量变过程中会发生部分质变。因为一个事物的变化和发展是复杂的和不平衡的，量变和质变往往不是以一种简单的、纯粹的形式进行，而是错综复杂。在量变的过程中充满着部分质变，量变过程中总渗透着质变。这种变化可以分为两种典型的部分质变。一种是事物的阶段性的部分质变，另外一种是事物发生的局部性质变。阶段性的部分质变是在事物发生根本性质变化之前，在事物发展的不同阶段上所呈现出来的部分质变。那么如何理解这种阶段性的质变呢？这需要从事物的矛盾方面来理解。事物的矛盾分为主要矛盾和次要矛盾，还有矛盾的主要方面和次要方面。一般而言，事物的主要矛盾发生变化或者事物的矛盾的主要方面发生变化会导致事物发生根本性的质变。但是事物还存在次要矛盾和矛盾的次要方面，而万事万物都在不停地变化着，因此事物的次要矛盾和矛盾的次要方面也会发生变化。但是这种变化不会引起事物的全部质变，但是会导致事物在量变过程中发生一定的阶段性的质变。而事物局部性的部分质变指的是在事物发生全部的根本性的质变之前，在局部范围内呈现出来的质变。

三、由质变到量变

所谓的由质变到量变指的是在事物完成质变以后，在新的性质基础上开始新的量变。冬天树木开始枯萎，到了春天树木又重新生长和发芽，而此后就开始新的量变。在新质基础上所发生的量变和在旧质基础上发生的量变是不一样的，有着根本的不同。因为量变可以引起质变，而质变同样可以引起量变。而新质的量变是另外一种形式的量变，他同旧事物非常不同，甚至相反。在社会生活实践中，如果我们无法区分新质基础上的量变和旧质基础上的量变，仍然用旧质基础上的量变来分析新的量变，那么会产生一些实际的困境。例如，在资本主义国家人民生活质量已经很高，认为我们国家无法超越这种水平。但是我们国家是具有中国特色的社会主义国家，这种性质和资本主义国家的性质根本不同，因此在这种新质基础上科学技术的发展速度和水平，社会进步的速度和水平以及人民生活水平提高的速度和水平是完全不同的。我们不能用资本主义国家这种旧质基础上所发生的一些量变来衡量中国特色社会主义国家新质基础上可能发生的一些量变。这是无法进行衡量和对比的，而且盲目地使用这种对比，会限制我们的思维，容易陷进一种盲目的发展模式或者盲目的悲观色彩，认为我们永远也无法超越西方发达的资本主义国家。在国家发展中如此，在科学实践中更是如此。我们不能用已有质基础上的量变去盲目地衡量新质基础上的量变。往往是新质基础的量变导致了科学重大的发现和进步。生物科学史上有关光合作用的发现历程就很好地说明了人类认识领域内新质基础上的量变和旧质基础上的量变的不同，以及新质基础上量变的重要性。

种子的生长需要光和水。有的树木在热带地区可以长高到几十米，而有的植物可以在冰冷的寒带欣欣向荣，且在特定的季节中具有特别快的生长速度。人类不禁要问植物生长过程中需要的能量和营养物质从哪里获得？为什么不同的植物需要不同的生长环境？17世纪上半叶，比利时医生海尔蒙脱设计了一个巧妙的实验：他把一棵称过重的柳树种植在一桶事先称好重量的土壤中，然后只用雨水浇灌而不供给任何其他物质。5年后，他发现这棵柳树的重量竟是刚栽种时的33.8倍，而土壤的重量只减少62.2克。因此，他认为构成植物体的物质来自水，而土壤只供给极少量的物质。这个结论首先提出了水参与植物体有机物质合成的观点，但是没有考虑到空气对植物体物质形成所起的作用。在1727年，英国植物学家斯蒂芬·黑尔斯才提出植物生长时主要以空气为营养的观点。而最先用实验方法证明绿色植物从空气中吸收养分的是英国著名的化学家约瑟夫·普利斯特利。他还证明植物能"净化"因燃烧或动物呼吸而变得污浊的空气，使空气变好，随后有人重复普利斯特利的实验，但却得出与他相反的结论，认为植物不仅不能把空气变好，反而会把空气变坏这种截然不同的结论引起人们的极大关注，导致了1779年荷兰的简·英格豪斯进行一系列实验，他的实验证实了普利斯特利的实验结果，确认植物对污浊的空气有"解毒"能力，同时指出这种能力不是由于植物生长缓慢所致，而是太阳光照射植物的结果，从而证明绿色植物只有在光下，才能把空气变好。同时他发现植物有很强的释放气体的能力，而且这种能力的活性与天气的晴朗程度尤其与植物受光照的强度成正相关。他还证明植物在暗中不仅不能"净化"空气，反而会像动物一样把好空气变坏。他通过进一步实验发现，只有叶片和绿色的枝条在阳光下才有改善空气的作用，而其他所有器官即使在白天也会使空气变坏。这些实验结果为后来人们认识植物绿色部分和光在植物光合作用中的重要性奠定了基础。1782年，瑞士的牧师吉恩·森尼别在化学分析的基础上，指出植物"净化"空气的活性，除与光照密切相关外，还取决于所"固定的空气"（即后来知道的二氧化碳）。但是由于受当时气体化学发展水平的限制，对植物在光下和黑暗中所释放的气体究竟分别属于何种气体仍然不清楚。直到1785年，在弄清空气的组成成分后，人们才明确认识到植物的绿色部分在光下释放出的气体为氧气，而植物各器官在呼吸过程释放的气体是二氧化碳。到此时，人们对植物光合作用与气体间的关系才有较深刻的认识。这个例子充分说明了人类认知中新质基础上的量变的重要性。

事物质变过程中当然也存在量的扩展和积累。当事物开始出现质变时，新质并不是同时在事物中内部全部迸发而出，而是慢慢地在旧质的范围内进行一点一点地突围，然后接着数量发生变化，数量增加，直到占领整个事物。这种事物在新质数量的扩展就是质变过程中的量变。

四、事物的量变和质变的辩证关系

简单地说，量变和质变之间是不同的，但是它们之间又相互联系、相互包含，并在一定条件下相互转化。

首先，事物的量变和质变是两种不同的变化形态。事物的量变指的是量的规定性的变化，是事物在场所上的变更或数量的增减。这种变化是不显著的变化，是一种缓慢的过程。量变体现了事物发展过程中的相对静止、稳定和平衡的状态和趋势。正是因为这种相对稳定的变化，事物才不会转瞬即逝，事物才能被人类所认知和把握。这种量变对于事物的稳定和发展具有重要作用。因为纯粹的急剧的变化会导致世界瞬息万变，而这种性质无论是对人类的生活、工作，还是社会的和谐发展，或者科学技术的进步和应用都是不利的。但是仅仅拥有这种稳定性的量变，事物就不会发生根本的变化，事物就不会出现进步。因此，质变是事物的另外一种重要的形态。质变是事物质的规定性的变化，是事物从一种质态向另一种完全不同的质态的转变，这种形态从根本上不同于事物的量变。它是一种突飞的、中断式的、不连续的变化，是对稳定性和平衡性的破坏。其次，从事物发展的内容上而言，量变是旧事物的延续和维持；而质变是新事物的产生、发展和旧事物的灭亡、破坏。由此而言，事物的量变和质变在事物发展过程中的地位和作用是不相同的，量变从内容上看是继承的关系，而质变从内容上看是发展的关系。量变保持内容，质变改变内容。但是事物的量变和质变都是由于事物内容矛盾力量的对比关系发生变化所引起的。主要矛盾或者矛盾的主要方面发生变化之际就是事物发生质变的时候，当事物的主次矛盾和矛盾的主次方面没有发生改变的时候，是事物的量变。

但是量变和质变之间又是辩证统一的关系。

第一，事物的量变是质变的必要准备。没有量变，事物就不会发生质变。只有一定的量变作为准备，事物的质变才可能发生。事物的质变必须有一个量的积累。虽然很多时候事物的质变是突然发生的，但是这种突发性的变化并不是凭空而生的，这是在量变的基础上获得的。量变在一定的范围内，即事物不会发生质变；但是当事物的量变突破一定程度的时候，事物就会发生质变。此时旧事物消失，新事物产生。

第二，事物的质变是量变的必然结果。事物不会一直保持现状，事物不会一直无限地保持量变，量变积累到一定程度就会引起事物发生质变，就是在或长或短的时间内，事物总会发生质变，质变是事物量变的最终归宿和终点。也许这个时间很长，比如在生物进化史上，许多动物经过漫长的几个世纪才消失或者产生，这种质变虽然经过长久的时间，但是它表明事物的质变是量变的必然结果。其实在事物稳定的量变中，貌似稳定的变化中一直暗藏玄机，这种缓慢地变化存在着潜在的破坏的趋势。从科学的发展角度而言，在古希腊，许多自然科学，如物理、化学、生物等学科还没有单独分化出来，而是作为一种自然哲学的整体形式而存在。随着社会的发展，工具的提升，人类的认知能力的提高，科学逐渐分成不同的研究领域。例如，数学、物理、化学、生物、医学等学科各自建立自己的研究领域，相互之间比较独立。现代科学技术的发展导致学科的划分一方面越来越精细，分支门类繁多，相应的各种专业化的研究机构建立；但是同时不同学科的综合化、整体化趋势也在日益加强，综合性的学科、交叉学科和横断学科欣欣向荣。这种学科的不断分化和综合的趋势就说明了事物的连续性（量变）中孕育着事物的非连续性（质变）。因此，事物的质变绝对不是偶然的，而是必然的。

第三，事物的质变巩固事物量变的结果。事物的质变是性质的根本变化，是新事物代替旧事物的突发过程。如果没有质变，事物的量变仍然在旧事物的条条框框中，被旧事物的性质所限制，从而停滞不前，无法进步。正是由于质变，才能使得事物不断累积的量变得到保证，才能巩固事物量变的成果，才不至于被旧事物束缚。同时，事物在发生质变以后，又会进一步引起事物的量变。事物在发生质变之后，不会停滞不前，而是在新事物的性质基础上进一步发生量变。只是这种量变已经完全不同于先前的量变形式和内容。这种新质基础上的量变具有新的广度和深度。因此，事物的质变连接着前量变和后量变，也即是事物的质变连接着旧事物和新事物。质变处在新旧事物交替的关节点上，处在二者的中心位置。它既是前一阶段量变的结果，又是后一阶段量变的基础。它把不同的事物很好地区分开来，又把新旧事物巧妙地连接起来。正是由于这种关节点和连接点的作用，才能更好地理解事物的继承与发展，理解人类社会的不同形态之间的代替。

万事万物都是从量变开始，然后发生质变，也即是旧事物灭亡，新事物产生。然后再进行新一轮的循环，从量变—质变—新的量变—新的质变……不断地循环往复，而事物就从低级到高低，从简单到复杂不断发展。

五、关于质量互变规律需要避免的几种错误认识

一是事物的发展最终通过质变而实现，因此事物的质变比量变重要。二是只要事物发生量变，就一定会产生质

变。这种说法是错误的，因为只有量变达到一定的程度，引起矛盾的双方地位发生变化，才会发生质变。三是事物的量变的综合就是质变。这种说法也是错误的。因为量变是事物在数量上和程度上的稳定的、渐进的、不显著的变化，而质变是事物的根本性的变化。质变并不是量变的总和，量变的总和也并不一定能导致事物发生质变。四是事物的一次量变到质变的过程就是事物变化发展的终结。这种说法也是错误的，这个过程不是终结而是新的开始。因为事物在不断地发生量变质变，然后再量变再质变，循环往复，相互交替，构成一幅动态的永恒发展的过程。五是否认事物量变和质变之间的辩证关系，把事物的质变视为突然发生的，是不需要量变作准备的。这种观点的典型例子是生物进化的激变论。激变论又称"灾变论"，是一种用灾变来解释地壳运动和生物演变，否认生物自身进化的哲学理论。18世纪中期，法国博物学家布丰依据1680年出现的大彗星离太阳的最近距离只有23万里的事实，认为地球可能是太阳与大彗星碰撞出来的一个炽热的碎片，在其旋转中形成了一个球体，初次形成了太阳系和地球灾变形成的演化理论。之后，灾变论分化为以波蒙为代表的现实主义灾变论和以居维叶为代表的非现实主义灾变论。前者认为，古今地质作用是相似的，通过古今地质过程和产物的比较，可以认识地球史。而居维叶在其《地球表面的革命》一书中提出，地球表层经常发生突如其来的、大规模的变化。居维叶的后继者进一步发展了他的灾变论学说，认为地球的灾变是突然间席卷全球的，因此灾变后的世界只能由上帝来加以重新创造，地球上的物种也是上帝多次创造的成果，这无异于是上帝创世说的理论论证，由此也为宗教界所大力推崇。灾变论否认量变和质变的辩证关系，否认古生物和现代生物之间的相互联系，否认了生物自身的渐进和进化，把质变绝对化，视质变为突然发生的、没有量变准备的突如其来的一击，使神迹成为自然界的根本杠杆，因此它不仅是违反辩证法的哲学观点，而且也是一种背离唯物主义的唯心主义学说。在当代，随着全球性激变的证据迅速积累，一些学者对灾变论又兴起了新的讨论，并提出了新的灾变理论。激变论只承认质变，否认量变。在社会政治上表现为冒险主义，认为社会革命无须经过积蓄革命力量的准备阶段，幻想通过突然的冒险活动取得胜利。另外一种错误的认识是只承认事物的量变，而否认事物的根本性的质变。这种典型的错误代表是庸俗进化论。庸俗进化论，是19世纪末20世纪初产生于资本主义和帝国主义国家中的一种用生物进化的观点来解释社会现象的形而上学思想。主要代表为英国哲学家斯宾塞（英国社会学家，是"社会达尔文主义之父"）。1859年，达尔文以《物种起源》一书创立了生物界物种变化的理论。斯宾塞举起达尔文进化论的大旗，认为自然界现有的秩序是一种渐进过程的产物，事物发展的渐进性乃是宇宙的根本规律。其基本思想为：只承认事物发展的渐变，否认事物发展中的突变，只承认发展中的量变，否认事物发展的质变；否认事物发展变化的根本原因是事物的内部矛盾性。这是一种形而上学的发展观。庸俗进化论的代表人物进一步把这一观点强加给社会领域，认为社会的发展同样只有量变，人类社会只是逐渐进化的历史，而不是矛盾斗争和社会不断革命的历史。它庸俗地套用达尔文的进化论，用种族之间斗争的"优胜劣败"或气候、地理环境的因素来解释社会现象，否认社会内部的深刻矛盾是社会发展的根本原因，反对阶级斗争和社会革命，主张点滴改良和阶级调和。实际上是资产阶级的反动政治哲学，是资产阶级改良主义的理论基础，它意在不触动资产阶级统治的条件下，实行某些微小的改良，用以麻痹劳动人民，反对无产阶级革命。

六、质量互变规律的意义

事物的质量互变规律揭示了事物发展过程是连续性和阶段性的统一，表明了事物发展过程既有历史的联系，又有不同的历史阶段。同时又是我们分析社会发展趋势的基本理论工具，对于我们正确处理社会主义改革、发展、稳定的关系具有指导性的意义。质量互变规律也是指导我们从事一切实践活动的重要思想原则。在日常实践中，要反对因循守旧、盲目空想、急于求成的功利性的思想。正如古语所言："梅花香自苦寒来，宝剑锋自磨砺出"，这句古诗蕴含着深刻的质量互变规律。

第一，要不失时机地飞跃。事物的发展最终是要通过质变来实现的，没有质变就没有发展。所以，在量变已经达到一定程度，只有改变事物原有的性质才能向前发展，我们就要果断地不失时机地突破其范围和限度，积极促成质变，实现事物的飞跃和发展。例如，在改革开放后，我们国家为什么要加入WTO，积极入世呢？因为加入WTO，无论是企业还是普通老百姓都可以获得好处。入世可以有效地降低关税，从而使得商品的价格大大降低，使得老百姓买到更多物美价廉的商品。入世可以使得中国的企业更好地走出去，开拓外国的市场。入世还可以吸引外企和扩大出口，等等。更为重要的是中国加入WTO是中国返回世界舞台的一个显著的标志和强烈的信号，可以促进中国的全球化进程和国际观念的建立，更加有利于中国民族文化的传播。但是中国为什么选择在改革开放以后，在经济发展取得一定成就的时候申请加入WTO？而这给我们的启示之一就是在事情发展的时机成熟之际，中国果断地、不失时机地实现了事物的飞跃和发展。

2001年中国正式成为世界经济贸易组织的一员。而当时无论就国外的发展环境而言，还是国内经济发展，都是一个非常好的机遇和时机。因此中国在这个时候选择了飞跃，如果当时瞻前顾后，畏畏缩缩，那么就失去了飞跃的良好时机，就无法给以后国内经济发展提供更好的条件和基础。现在自从中国加入世界经济贸易组织以后，中国的经济、社会和环境、技术发展都取得了突飞猛进的进步，人民的经济文化水平显著提高。而这些进步重要的原因在于当时中国政府抓住机遇进行飞跃的正确决定。

第二，要重视事物量的积累。任何事物的发展都必须首先从量变开始，没有一定程度量的积累，就不可能有事物性质的变化，就不可能实现事物的飞跃和发展。既然量变是质变的必要准备，质变依赖于量变，那么在学习和实践中就必须首先进行量的积累工作，要有脚踏实地，埋头苦干的精神，要一点一滴地做细小的事情，反对急于求成、立竿见影、拔苗助长，须知欲速则不达的道理。就好像开门，猛力推门门会反弹回来关上，只有徐徐用力，门才能开一样。李泽厚说，中国实现民主的途径就和开门是一个道理，不能急躁，这就是适用了量变是质变必要准备的哲学道理。老子说："为学日益，为道日损。""日益""日损"都是量变的过程。既然质变是量变的必然结果，是规律性的，不依人的意志为转移的趋势，那么，在进行量的积累时就要充满必胜的信心和信念，不能因量变的漫长和艰辛而放弃或失去信心，要相信规律，相信质变必然会发生。劳其筋骨，苦其心志的量变过程不是任何人都能坚持下来的，没有信念、毅力常常会半途而废，所以成功者毕竟不是多数。不仅量变的终点是有意义的，而且量变的过程也是有意义的，这意义的来源之一是质变的回溯。质变目标的回溯使量变过程的艰难困苦具有意义。三国时期的诸葛亮文曰："勿以恶小而为之，勿以善小而不为。"这句话讲的是做人的道理，只要是

"恶"，即使是小恶也不做；只要是善，即使是小善也要做。事物的发展往往存在两种不同的趋势，一种是积极向上的，一种是向后退步的。对于任何一个人来说，可能成为对于社会的有用之才，也可能成为社会的害群之马。但是这种好的或者坏的趋势都不是一蹴而就的，而是在一定量变基础上产生的变化。因而在生活中，一个人的堕落不是偶然的，不是在短时间内变化的，而是在长期的积累中逐渐走向毁灭的深渊。一个坏人，刚开始偷的也许是一个很小的东西，然后胆子越来越大，偷窃的手段越来越残忍，甚至发展到抢劫和杀人。这都很好地说明了量变的作用。说明了在生活中勿以恶小而为之的道理。因而如何做到防微杜渐，不仅仅是个人对自己的要求，还需要社会、家庭和朋友对身边的人进行监督。

一个人成才也是一个不断累积的过程，不断量化的过程，任何一个人都不可能简简单单地成功，都是从一点一滴的小事做起。例如著名的发明家和科学家爱迪生的故事很好地说明了量变的重要性。爱迪生在1877年开始了改革弧光灯的试验，他必须找到一种能燃烧到白热的物质做灯丝，这种灯丝要禁得住热度在2000度1000小时以上的燃烧。同时用法要简单，能经受日常使用的碰击，价格要低廉。爱迪生最初是用炭化物质作为灯丝进行试验，失败后又以金属铂与铱高熔点合金做灯丝试验，还以矿苗等作为灯丝进行试验，共1600种不同的试验，结果都失败了。但这时他和他的助手们已取得了很大进展，已知道白热灯丝必须密封在一个高度真空的玻璃球内，而不易熔掉的道理。他每天工作十八九个小时，每天清早三四点钟的时候，他才头枕两三本书，躺在实验用的桌子下面睡觉。有时他一天在凳子上睡三四次，每次只睡半小时。到了1880年的上半年，爱迪生的白热灯试验仍无结果，沮丧几乎笼罩了所有的实验人员。有一天，爱迪生把试验室里的一把芭蕉扇边上缚着的一条竹丝撕成细丝，经炭化后做成一根灯丝，结果这一次比以前做的种种试验都成功，这就是爱迪生最早发明的白热电灯——竹丝电灯。

而我国著名数学家陈景润攻破"哥德巴赫猜想"这一世界级数学难题，更能够说明事物量变的重要性。陈景润在高中时代，就听老师极富哲理地讲：自然科学的皇后是数学，数学的皇冠是数论，"哥德巴赫猜想"则是皇冠上的明珠。这一至关重要的启迪之言，成了他一生为之呕心沥血、始终不渝的奋斗目标。陈景润在夜以继日的研究数学，为证明

"哥德巴赫猜想"，为摘取这颗世界瞩目的数学明珠，他以惊人的毅力，在数学领域里艰苦卓绝地跋涉，辛勤的汗水换来了丰硕的成果。1973年，陈景润终于找到了一条简明的证明"哥德巴赫猜想"的道路，当他的成果发表后，立刻轰动了世界。其中"1+2"被命名为"陈氏定理"，同时陈景润被誉为筛法的"光辉的顶点"。华罗庚等老一辈数学家对陈景润的论文给予了高度评价。世界各国的数学家也纷纷发表文章，赞扬陈景润的研究成果是"当前世界上研究'哥德巴赫猜想'最好的一个成果"。这个案例也很好地说明了任何人想获得成功，必须脚踏实地，从小事一点一滴地做起，充分的量变才能导致质变，人才会成功。

第三，事物质量互变规律对中国特色社会主义建设的启示。党的十一届三中全会以后，我国经济战略部署大致分为三步走，第一步是实现国民生产总值比1980年翻一番，从而解决人民的温饱问题；第二步是到20世纪末，使国民生产总值再增长一倍，从而使得人民生活达到小康水平；第三步是在21世纪中叶，人均国民生产总值达到中等发达国家水平，人民生活比较富裕，基本实现现代化。中国制定的这种建设有中国特色社会主义的战略步骤深刻体现了事物的量变和质变的辩证关系。因为经济相对落后的发展中的社会主义国家，要想在一个相对短的时间里，尽快赶上发达国家，基本实现现代化是一个巨大的挑战。这需要把握国内外的情况，选择正确的发展战略，既不能太快，违反了事物的基本发展规律，也不能太慢，错过了大好的发展机遇。以邓小平为领导核心的中国共产党根据我国的各种条件，运用唯物辩证法的质量互变规律构建出了建设中国特色社会主义的路径。三个阶段，前一个阶段都在为后一个阶段的发展打下坚实的基础。每一个阶段的量变都能引起质变，在新的发展阶段上又有量的积累。质量互变规律的方法论意义在于在制定目标时，既要具有远大的抱负，又要根据实际情况，脚踏实地地进行实践活动。

质量互变规律对于未来中国特色社会主义建设具有重要的方法论指导意义。首先，要根据客观实际情况，制定切实可行的战略和策略，坚持从实际出发，利用辩证唯物主义的质量互变规律分析不同阶段应该完成的目标。但是同时也要坚信量变达到一定的程度，一定可以导致质变，因而只要中国坚持正确的中国特色社会主义建设，就一定可以实现目标。其次，要抓住合适的时机进行飞跃。质量互变规律表明，质变是一种飞跃式的、非连续的、爆发式的形式的变化。因而这种变化也是相对短暂的，如何在短暂的时间内抓住机遇进行不失时机地发展可以很好地完成质变。在建设中国特色社会主义建设中，有许许多多的机遇，比如当前在经济全球化进程的新一轮的科技革命浪潮就是一次良好的机遇。这次科技革命以高科技为主，主要包括生物技术、网络技术、纳米技术、航空航天技术、海洋技术和新能源技术，等等。这些技术不断地推动人类社会经济、政治和文化领域的发展和进步。各个国家都投入了大量的资金进行相应研究。而如何在这次机遇中进行中国式的飞跃至关重要。否则中国将会失去重大的发展机遇。虽然西方一些发达国家利用自身的优势设置一些相对的技术壁垒，阻碍其他国家发展相应的技术，但是经济全球化的浪潮和当前科学技术不断综合化，给予发展中国家更大的机遇。现在我们国家已经投入巨大的资金在这些重要的领域内，在某些领域已经取得了世界领先的成果。按照当前这种发展趋势进行下去，足够的量变必然导致质变，在不久的将来，中国会不断实现自身的目标。再次，质量互变规律表明在实践中需要坚持适度的原则。在建设中国特色社会主义进程中，需要进行相应的政治、经济和文化体制的改革。但是任何改革都不是一蹴而就的，它需要不断地在实践中根据客观情况进行调整。过度的改革容易导致事物性质的变化。但是过于保守的改革也会阻碍我国的发展，因而坚持适度原则是一个重要的指导性原则。我们既坚持公有制为主体，多种所有制共同发展的基本经济制度，又反对那种以非公有制需要发展而不顾公有制的主体地位，在各个行业中进行一刀切。最后，在中国特色社会主义建设过程中，需要平衡好公平与效率之间的关系，这也需要坚持适度原则。

第四章　否定之否定规律

第一节　肯定和否定

在人类的肌体中，存在着生长、发育、成熟、营养等，也存在着疾病、衰老等。对于肌体的成长而言，它们都发挥着怎样的作用？从哲学的观点来看，哪些是肯定因素，又有哪些是否定因素。这就需要先了解什么是肯定因素，什么是否定因素，肯定因素与否定因素之间的关系如何呢？

一、肯定因素

所谓肯定因素就是决定事物性质的因素，正是肯定因素的存在使得事物仍然存在，它是事物的正面。

事物内部的肯定因素并不是固定不变的，而是不断变化的。在事物刚刚产生的阶段，肯定因素占据着主导作用。因为在新事物产生的时期，肯定性的力量才能促使事物发展壮大，如果一开始就进行否定，那么事物就会在萌芽的胚胎中死亡，就无法继续发展。所以，肯定因素在事物产生的时候起到了关键性作用，不断支撑着事物的存在。而且肯定因素不断促进事物上升，在这个过程中，肯定因素是必要的、合理的。但是随着事物的不断发展，事物某些肯定的因素就会逐渐地变成衰朽的因素，阻碍着事物进一步发展和突破。这个时候事物已经进入了没落时期，终究会被新的事物取代。例如，在封建社会，封建地主阶级相对于奴隶主阶级是新生事物，但是相对于资产阶级又是旧的事物，封建地主阶级取代了奴隶主阶级那种残暴的统治，人民获得一定的自由，促进了社会的进步和发展，对历史发展进程具有很大的作用。但是在封建地主阶级发展到一定的阶段，在由繁荣走向衰落的过程中，其逐渐阻碍了社会的进步和发展，变得腐朽没落。然而封建地主阶级不但不会自动放弃政权，而且还会不断打压新生的资产阶级萌芽，从而维护自身的统治。由此可见，封建地主阶级由先前的进步力量变成落后的力量，这个时候资产阶级通过不断的革命从而加速封建地主阶级的灭亡。但是这个过程不是顺利的，封建地主阶级利用强大的力量不断镇压新生的资产阶级，而由于作为新生事物的资产阶级，其力量不足，面临着严峻的考验，但是新生的事物终将代替旧的事物。但是资产阶级发展到一定阶段后也变成了腐朽和没落的事物，这个时候就需要新的事物来代替它。所以可以看到历史上的这些阶级在占据统治地位之前都是进步的代表，其代表的社会制度的存在和发展是必要的和合理的。但是随着无产阶级的不断发展和壮大，资产阶级所代表的社会制度就变成了不必要的和腐朽的制度。

二、否定因素

与事物内部的肯定因素相对立，否定因素是与事物的性质相反的因素，正是否定因素才促使事物走向灭亡，它是事物的反面。

在事物内部的否定因素，存在着两种情况：

第一，事物内部的否定因素代表着更高级的事物，是新生力量。这种力量在最初的时候是比较弱小的，随着事物的发展从弱小的萌芽逐渐成长为参天大树。到了事物内部的因素转变为腐朽的因素之后，这种否定性因素就必然会战胜腐朽的因素，从而促使旧事物的灭亡，新事物的诞生。正是这种否定性因素的存在使得事物不断地向前发展。例如，封建社会中的资产阶级，就是封建社会中具有革命性的否定因素。在资产阶级诞生初期还是比较弱小的，随着资产阶级的发展壮大和封建的地主阶级转变为阻碍社会发展的因素，资产阶级最终取代了封建地主阶级，推动了人类社会的发展。

第二，事物内部的否定因素代表着腐朽的因素，是已经被新事物战胜但是还未全部战胜的旧事物的残余。这样的因素，自始至终都阻碍新事物的发展，虽然在一定条件下，这种否定因素可能会战胜肯定因素，使得事物的发展出现倒退。在封建社会末期，资产阶级逐渐战胜封建地主阶级，而封建地主阶级作为否定性的因素会出现暂时的王朝复辟。先进的否定因素战胜腐朽的肯定因素是事物发展的必然趋势，而反动的否定因素战胜肯定因素则是事物发展过程中的暂时现象。

正因为肯定因素和否定因素在事物发展过程中的不同作用，因此在观察事物的时候，既要看到事物的肯定因素，也要区分清楚两种不同的否定因素。只有看到事物的肯定因素，才能正确认识这个事物的性质，把握这个事物的本质，才能真正地了解这个事物，才能从根本上区分这个事物与其他事物。但是仅仅看到事物内部的肯定因素，就会导致认识事物上的片面性。这种仅仅看到事物的肯定因素的认识是一种静止的认识，因为他只是看到眼前的事物，而没有用发展的眼光来看待事物，也不能正确地展望事物的发展。所以只有把握事物的否定因素，才可以合理地预期事物未来的发展，才可以合理预测新生事物，以一个动态的观点来看待日常生活的万事万物。

也正是因为肯定因素与否定因素对于事物发展的不同作用，我们采取何种态度和立场取决于这个肯定因素和否定因素在这个事物发展过程中发挥着怎样的作用。对于那些促进事物发展的因素我们当然积极地支持，对于阻碍事物发展的因素我们应当给予反对。

三、唯物辩证法的否定观

（一）肯定与否定的对立统一

对立存在的事物内部的肯定因素和否定因素，不是静止的，而是不断地进行着斗争。唯物辩证法就是将肯定因素居于主要矛盾主要方面的情形称为肯定，将否定因素居于主要矛盾主要方面的情形称为否定。正是因为否定的存在，新事物才得以战胜旧事物，事物本身才能不断地从低级逐渐走向高级。因此，从事物长远发展来看，否定比肯定更有意义。那么肯定与否定之间的关系是怎样的呢？

其实用一句话概括就是：肯定和否定的关系是对立统一的辩证关系。

首先，肯定和否定是相互排斥、相互对立的。因为肯定和否定是两种相反的、对立的方面，所以二者从一开始就互相斗争。如果肯定的因素在斗争中处于有利地位，那么事物就不会发生变化，从而保持自身所拥有的性质，维持自身的存在；但是肯定因素不可能一直处于有利地位，否定因素慢慢积蓄力量，不断地和肯定因素作斗争，而肯定因素则不断地反抗，当肯定因素逐渐衰落，处于不利地位，而否定因素逐渐强大处于有利地位之际，那么这个时候否定因素则占据主导地位。事物就会变化，就会逐渐转化到自己的对立面，从而达到对自己的否定。这种否定不是一种简单的量变，而是事物发生质变。这种否定不是简单的对事物进行改良，更不是一种简单的进化。这种否定是新事物的产生和旧事物的灭亡。从对立统一规律来看，所谓的否定就是矛盾的主次双方发生改变，就是新矛盾战胜旧矛盾。

其次，事物的肯定因素和否定因素不是完全相反和对抗的，它们之间相互依赖、相互渗透，即肯定包含否定，否定中又包含着肯定。世界上的万事万物都不存在仅仅具有肯定因素而没有否定因素的事物，也不包括仅仅具有否定因素而没有肯定因素的事物。大家可以想象一下，如果没有肯定，那么事物将不存在，从而失去发展的可能；而如果没有否定，那么事物就是孤立的，静止的，如一塘死水，毫无生机，从而失去发展的前景。所以说，肯定和否定是互相依赖、相互渗透的。

（二）唯物辩证法的否定观

当然，唯物辩证法中的否定不同于我们日常生活中所说的否定。在唯物辩证法中，否定是变革和继承的统一，辩证否定的实质是"扬弃"。

第一，辩证的否定是事物的自我否定。无论是肯定还是否定都是存在于事物内部的。也就是说事物内部的肯定与否定之间的对立统一引起了事物的自我否定。例如，在《孟子·离娄上》中有这样一段话："夫人必自侮，然后人侮之；家必自毁，而后人毁之；国必自伐，而后人伐之。"一个人有了自取侮辱的行为，别人才会羞辱他，一个家庭也是一样，有了自己毁灭的因素，别人才会毁灭它。

第二，辩证的否定是变革。辩证的否定不是如同隔靴搔痒般的改良，也不是进化，更不是旧事物转换一种形式的存在，而是旧事物彻底的死亡和新事物的诞生，是质变，是革命。新事物只能在旧事物死亡之后的废墟中诞生，如果旧事物不消灭，新事物就不能产生。正如，种蛋与小鸡之间，没有种蛋的存在就不会有新生命的诞生。同时，种蛋的蛋壳不破，新的生命也就不能降生。

第三，辩证的否定是新旧事物联系的环节，更是对旧事物的"扬弃"。虽然在前面提到过旧事物如果不灭亡，新事物就不可能诞生。但是新事物的诞生并不是无缘无故的，而是从旧事物的母体中生长起来的。同时，新事物的产生并非意味着将旧事物中的一切彻底抛弃，而是有选择性的继承。旧事物被消灭主要是指旧事物的根本性质被消灭了。在旧事物中，存在着一些个别因素，它们经过改造可以被新事物所用，为新事物提供营养，因此它们将会作为新事物的有机成分保留下来。如果将否定简单地理解为全盘地否定旧事物，抛弃旧事物，就会陷入形而上学。正如，看见一棵树上有虫子，就将整棵大树砍掉，这是一种绝对的否定。在形而上学的否定观中，否定就是绝对的否定，就是对旧事物的全盘抛弃，在旧事物中没有任何东西是值得继承和保留的。可以说，形而上学不仅是错误的，而且也是不切实际的。

鲁迅先生的杂文集《且介亭杂文》中有这样一个故事：我们之中的一个穷青年，因为祖上的阴功，（姑且让我们这么说说罢）得了一所大宅子，且不问他是骗来的，抢来的，或合法继承的，或是做了女婿换来的。那么，怎么办呢？我想，首先是不管三七二十一，拿来！但是，如果反对这宅子的旧主人，怕给他的东西染污了，徘徊不敢走进门，是孱头；勃然大怒，放一把火烧光，算是保存自己的清白，则是昏蛋。不过因为原是羡慕这宅子的旧主人的，而这回接受一切，欣欣然的蹩进卧室，大吸剩下的鸦片，那当然更是废物。"拿来主义"者是全不这样的。

他占有，挑选。看见鱼翅，并不就抛在路上以显其"平民化"，只要有养料，也和朋友们像萝卜白菜一样的吃掉，只不用它来宴大宾；看见鸦片，也不当众摔在毛厕里，以见其彻底革命，只送到药房里去，以供治病之用，却不弄"出售存膏，售完即止"的玄虚。只有烟枪和烟灯，虽然形式和印度、波斯、阿拉伯的烟具都不同，确可以算是一种国粹，倘使背着周游世界，一定会有人看，但我想，除了送一点进博物馆之外，其余的是大可以毁掉的了。还有一群姨太太，也大以请她们各自走散为是，要不然，"拿来主义"怕未免有些危机。

如果我们将大宅子比作是文化遗产的话，那么屣头、昏蛋和废物则分别代表三种对于文化遗产错误的态度：那么屣头代表着软弱无能、不敢面对；昏蛋代表着不分好坏，全盘否定；废物则是不分好坏，全盘接受；鲁迅先生在文中更是解释了对待文化遗产的正确态度，即占有、挑选，也就是说要有选择性地继承文化遗产。鲁迅先生拿来主义这个故事就充分地说明辩证法否定观与形而上学的否定观之间的区别。

第四，辩证的否定是事物发展的环节。辩证的否定不仅是新旧事物联系的环节，更是事物发展的环节。正是事物内部的否定战胜了已经腐朽的肯定，事物才得以不断地发展。例如，对于割麦子这一农业活动来说，过去要想收获成熟的麦子，只能是农民用镰刀将麦子逐一地割掉、打捆，然后再通过一些其他的活动才能将麦粒储存起来。可以说每一个夏收都会让人脱一层皮。在现代化农业中，收麦的季节，已经不需要像传统农业中那样进行那么多的人力劳动，更不需要忍受天气的炎热，而是有专门的小麦联合收割机，将原来的割麦、运麦子、脱粒、扬场等割麦程序都融为一体。从镰刀到小麦联合收割机就是事物的发展过程。再如，从最初的纺织仅仅是借助于简单的工具进行的人工纺织，英国工业革命之后，就变成了大规模的机器纺织。

在科学史上，人们对原子结构的认识是有一个历史过程的。早在2400年前。古希腊著名的哲学家德谟克里特提出了"原子"的概念，认为自然界的一切物质都是由一些坚硬不可分的小颗粒构成的，并将"小微粒"命名为原子。但是，由于没有科学实验依据和宗教势力的极力反对，所以在这之后的两千多年里，人们对物质的结构认识一直没有很大进展。直到19世纪，道尔顿和阿伏伽德罗先后提出了原子论和分子论，并于1860年正式建立了原子——分子论。认为物质由分子构成，分子由原子构成，原子则是不可再分的最小微粒。这就是20世纪以前人们对物质结构的认识。1897年，著名的英国物理学家汤姆逊，对克鲁克斯发现的阴极射线进行了精细的研究，测定了这种微粒的质量和电行，并命名这种微粒为"电子"，这就有力地证明原子是不可再分的最小微粒的错误结论。1919年，卢瑟福用科学实验证明原子中还有一种微粒，将它命名为"质子"。到20世纪30年代，人们从实验中发现原子还能分裂另一种电中性的微粒，将它命名为"中子"。在1911年，卢瑟福正式提出了一个核式原子模型理论。他指出：原子是由带正电的原子核和带负的核外电子构成，原子核位于原子中心，占有很小的体积，但几乎集中原子的全部质量，核外电子就像行星绕太阳那样绕核旋转。因此，这个理论也称为行星式或天体式原子模型。继他之后，又作了重大发展的是他的助手丹麦物理学家玻尔。玻尔大胆地运用了量子的概念（1900年由普朗克提出）来解释氢原子结构，获得了很大的成功。但是，他并没有彻底摆脱经典物理学的束缚，仍然坚持电子沿一定轨道绕核运转的观点。现在原子结构理论，在卢瑟福和玻尔的基础上用量子力学（1926年建立）代替经典力学，对核外电子的运动状态给予了科学的解释。随着原子理论的建立和发展，人们对物质及其变化的规律有了新的认识。1869年，俄国化学家门捷列夫提出了元素周期表（列出了当时已知的53种元素）。1913年，卢瑟福的学生莫斯莱从实践中证明元素的核电荷数就等于元素在周期表里的序数，在化学史上第一次揭示出元素周期律与原子结构的内在的、本质的联系，继而发展到现在的元素周期表。

（三）唯物辩证法否定观的实践意义

第一，以革命的眼光看待新旧事物之间的关系。前面曾经提到过，辩证的否定不是如同隔靴搔痒般的改良，也不是进化，更不是旧事物转换一种形式的存在，而是旧事物彻底的死亡和新事物的诞生，是质变，是革命。新事物只能在旧事物死亡之后的废墟中诞生，如果旧事物不消灭，新事物就不能产生。那么对于已经存在合理性的旧事物就不能修修补补，不能通过改良而期待其继续发挥作用，而是应当与旧事物彻底的决裂。只有这样才能从根本上进行变革。正如，要想在老房子的地基上建新房子，只有将老房子推倒之后才能留出空间建设新房子，否则将无法建设新房子。也就是说，只有破旧才能立新。

第二，批判地继承旧事物。虽然在前面提到过旧事物如果不灭亡，新事物就不可能诞生。但是，旧事物被消灭主要是指旧事物的根本性质被消灭了。在旧事物中，存在着一些个别因素，它们经过改造可以被新事物所用，为新事物提供营养，因此它们将会作为新事物的有机成分保留下来。因此，新事物的产生并非意味着将旧事物中的一切彻底抛弃，而是有选择性地继承。例如，中华民族的传统医学——中医药，在汲取中华文化的过程中不断发展，形成了独具特色的中医药文化。可以说，中医药文化是中华民族文化宝库中的瑰宝。《寿域神方》记载："治头脑疼痛，龙脑一钱，纸卷做拈，烧烟熏鼻，吐出痰涎即愈。"唐代医药典籍称龙脑"为百药之先，万物中香无出其右者"。不知道从什么时候开始，龙樟脑树在我国就消失了，我国医药中需要的龙脑只能借助于从其他国家进口。1988年我国发现了一棵野生龙樟脑树。相关科研人员借此机会创立了专业的实验室和研发中心，深入研究中医药中关于龙脑的各方面记载，利用现代科技成功的培育了大量的龙樟脑树，彻底改变了龙脑完全依赖从其他国家进口的状态。同时我国研发了天然龙脑的提取设备，建立了第一个龙脑基因库。不仅改进了龙脑的提取方法，而且还通过积累保存了大量珍贵的数据和资料。在整个过程中，之所以能够最终取得成功就在于科研人员既没有完全照搬传统医药记载，又没有抛弃传统医药记载，而是批判继承传统中医药文化，不断地克服传统龙脑生产的局限性，创新发展思路，开发新产品。

第三，坚持以变革为主导。在辩证法的否定观中，继承与变革之间并不是平等的、并列的关系，而是有区别的。也就是说，在辩证的否定观中，变革是主导的方面。继承本身并不是目的，是为了变革，为了推陈出新、破旧立新。当然对于旧事物中可以继承的因素也不是原封不动的照抄照搬，而是在批判改良之后才能成为新事物的有机成分。由此可见，将变革与继承看成是处于并列位置上是错误的，只看到变革或者继承也是错误的。坚持变革的主导地位，批判性地继承是在处理变革与继承关系时需要遵循的基本原则。

第四，对于我们每个人来说，辩证的否定观也具有重要的意义。在考察事物时，必须同时看到它的肯定方面和否定方面。如果看不到肯定方面，就不能正确地把握事物当前的性质；如果看不到否定方面，就不能正确地展望事物发展的前途。同时也要在肯定中看到否定，在否定中看到肯定，不能肯定一切或否定一切。对待古代文化遗产，要批判地继承，"古为今用"，"取其精华，弃其糟粕"。对待外国东西，要有选择地吸收，"洋为中用"，既不能一概拒绝，也不能全盘照搬。

中国特色社会主义现代化建设也是这样。人类历史发展的内在连续性就决定了任何一个国家要摆脱不发达的状态，只能继承人类社会已有的文明成果，遵循世界现代化的共同规律。同时，作为资本主义替代物的社会主义，其本身就是随着时代、科学和人类实践而不断发展的，它本来就根植于现代文明、工业文明之中。所以，在中国特色社会主义的建设过程中，就不能撇开人类社会过去各个阶段的文明成果，而是要大胆地吸取人类社会包括资本主义社会所创造的一切文明成果，同时对其腐朽的东西坚决批判。例如，改革开放之后，由于吸收、借鉴了资本主义社会所积累的科学技术知识和先进的管理方法、经营方式，我国不仅节省了研发经费和时间，更促进了经济的发展，使得我国在短短的30年内就成为世界的第二大经济体。

辩证的否定观也让我们知道发展的动力来源于自己本身，而非外界。在生活中，我们虽然都希望自己能够不断地发展、完善，但是更需要清醒地认识到发展、完善的根本动力不是在外界，而是在自我内部。对于自我而言，不断地否定就是不断地限制自我、不断地自律、不断地节制。通过不断地自我否定最终实现自我，肯定自我。也就是说，要肯定自己就必须否定自己，如劳其筋骨、苦其心志、动心忍性、苦难等都是对自我的否定，我们正是在这种自我否定中不断地发展自己、肯定自己。

第二节 否定之否定规律

一、波浪式的前进运动

对立存在着的事物内部的肯定因素和否定因素，不是静止的，而是不断地进行着斗争。唯物辩证法就将肯定因素居于主要矛盾主要方面的情形称为肯定。在这种情形下，事物的性质没有发生改变，事物处于量的变化阶段。当否定因素居于主要矛盾主要方面的情形称为否定。在这一情形下，事物的性质就会发生改变，否定自己，会转变为另一事物。我们将前一阶段称为肯定阶段，将后一阶段称为否定阶段。在事物的否定阶段中，同样包含着新的矛盾，由于矛盾之间的斗争，事物也会发生质变，变成另外一个事物，这就是事物的否定之否定阶段，即新的肯定阶段。因此，我们可以将否定之否定规律概括为：两次否定、三个阶段完整过程的统一。两次否定、三个阶段就是：肯定—否定—否定之否定。否定之否定规律认为：事物自我运动和发展的完整过程是由肯定—否定—否定之否定三个环节、两度否定构成的有规律的过程。事物的发展就是在这样的循环往复中进行的，每一次循环事物都会向更高一级的方向发展。这是事物发展过程中遵循的一般道路，即波浪式或螺旋上升式的前进过程。

为什么将肯定—否定—否定之否定称为波浪式或螺旋上升式的前进过程呢？根源就在于事物内部新旧两个方面矛盾之间的一系列斗争。具体来说：

第一，之所以说是波浪式的发展过程是因为在否定之否定规律两次否定的过程中，事物从肯定到否定，是事物从正面走向了反面；从否定到肯定，是事物从反面走向了否定的否定，即新的肯定。这一新的肯定不是最初的肯定，但是却是以最初的肯定为基础的。因此，在新的肯定中包含着最初肯定的某些特征，以至于让我们觉得新的肯定仿佛是回到了最初的肯定。如果我们将最初的肯定比作是事物的波峰的话，那么从肯定到否定就表现为事物从波峰走向波谷。从否定到否定之否定就表现为从波谷走向新的波峰。所以说事物的发展不是在两点之间循环往复，也不是在一条直线上不断向前，而是如同波浪一般。

第二，之所以说是螺旋式的上升过程，是因为在否定之否定规律中否定意味着旧事物的灭亡和新事物的产生。在否定之否定规律中，事物从肯定阶段走向否定阶段，就是事物内部的肯定因素转变为腐朽的因素，否定因素战胜了肯定因素，此时，事物的性质发生了改变，即旧事物灭亡，新事物产生。由否定阶段到否定之否定阶段，如同第一阶段中，否定之否定作为新生的力量战胜了否定因素，事物更向前发展了一步。因此，在整个过程中，事物不是如同在被两点固定的线段之间循环往复，也不是在原来的地方兜圈子，而是不断地实现从低级到高级的发展，如同螺旋结构一样不断地上升、发展。

　　无论是自然现象、社会现象，还是思维现象都遵循这一波浪式或者螺旋式上升的前进过程。例如，在自然现象中，所有的恒星都是从星云而来。原本透明的星云之所以能被我们看到，是因为星云中含有蓝巨星。它们发射出波长非常短的光使得星云气体发生光电效应。星际气体不断收缩的过程中，在万有引力的作用下，巨大的、低密度的分子云就会产生塌缩，发生能量转换，热能就在这种转换中产生。当核心的温度不断升高，升至足以产生氢融合反应时，恒星就诞生了。当普通质量的恒星生命结束时，恒星内部的核反应就停止了。恒星内部巨大的压力和温度，点燃了恒星内部靠外一点的物质。由于点燃产生的能量太大了，外层的物质就被吹跑了。这些物质弥散在空间中，形成了星云。植物的生长过程中，种子在适宜的条件下，破土而出发芽生长，变成了植株，这就是从肯定到否定；在植株不断地成熟之后，又结出了可以作为种子的果实，植株也开始渐渐枯萎，这就是从否定到肯定。从种子回到种子，表面上看是一个循环往复的重复过程，实际上新产生的种子产量上比原来的要高，而且经过人工培育的话，植物品种也会有所改进。

在社会生活中，对一件事情，刚开始大家都说这是个坏事情，很少人去做，但是有些人禁不住诱惑去做，刚开始的时候也许从中获得了一些好处。然后大家都蜂拥而至，很多人认为这是个好事，但是后来吃了大亏。这个过程就是人的思维经历了一个辩证的否定之否定的过程。这个过程让很多人加深了对原先事物的认知，更加清楚地知道事物的性质和特征；在社会发展过程中，原始社会中人类的生产力水平较低，生产资料和产品都是公有的。可以说原始社会的生产资料公有制，是适应当时生产力缓慢发展的；随着生产力水平的提高，出现了剩余产品，原有的共同分配和共同劳动的关系被破坏，私有制随之而产生。以高度发展的社会生产力为基础的共产主义社会，与生产力相对应的就是生产资料的公有制。

在思维世界中，同样遵循否定之否定规律。例如，人类对宇宙的认知，希腊时期开始，西方哲学家最先建立的是以地球为中心的有限宇宙，即"地心说"。亚里士多德认为地球和月亮属变幻的、不完美世界，太阳与众星属不变的完美世界，其实体称为以太，依完美的球体而转动，不同于地球之为水、土、火、气四元素构成。这些星星附在水晶天上，围地球而转。亚里士多德认为宇宙是有限的，天体是九个大球围地转动，一切转动都有定时，有规律。这有限的时间，不可能附在无限空间中。他亦认为宇宙只有一个，因为若有多个宇宙，各自有其吸引力的中心，则地上的四大元素即可向不同中心移动，而不需附在地球，可能在众宇宙中乱飞，形成混乱。到公元140年左右，著名亚历山大学派的天文学家托勒密，综合各方之说，用精密数学与观察配合，算准了一切天体的运动，各行星围圆心转，附于众星天，围地球而转，解释了其不规则之运动。"地心说"这有限宇宙观影响了西方及阿拉伯中世纪的天文学1500年。但哥白尼突破托勒密的权威架构，尝试以数学的理性思维为主，而不从经验观察为主去考虑，则可以采取全新的假设，去解释天体的各种现象。哥白尼认为数学更接近真理，经验则流转不定，不可全信眼睛所见的。追寻真理必须从数学入手，数学的标准是越简单越好。依这思路，托勒密的体系太复杂了。于是哥白尼着手新的地动假设，经过20年的观测，哥白尼发现唯独太阳的周年变化不明显。这意味着地球和太阳的距离始终没有改变。如果地球不是宇宙的中心，那么宇宙的中心就是太阳。他立刻想到如果把太阳放在宇宙的中心位置，那么地球就该绕着太阳运行。之后写下其震动世界的著作——《天体运行论》。牛顿把时间、空间看作是同运动着的物质相脱离的东西，提出了所谓绝对时间和绝对空间的概念。物理学家乔治·勒梅特首先提出了关于宇宙起源的大爆炸理论，但他本人将其称作"原生原子的假说"。再如，对于否定之否定规律的认识：在哲学发展史上，形而上学否定了自发的辩证法，这是从肯定到否定；马克思主义的辩证法又否定了形而上学，这是从否定到否定之否定。从辩证法到辩证法，似乎是转了一圈儿回到了原点。但是，实际上，否定之否定后出现的唯物辩证法与自发的辩证法有着根本的区别。再如，人类实践—认识—实践、特殊——一般—特殊的认识过程，都遵从否定之否定规律。

二、否定之否定规律的实践意义

否定之否定规律揭示了事物发展的道路是波浪式的前进运动，即事物发展的道路是曲折的，但是前途是光明的。这对于实践活动有着重要的指导意义。

第一，清楚地认识到事物的发展道路是曲折的。否定之否定规律的两次否定、三个过程充分体现了曲折性。因此，在实践活动中，如果出现了第一次否定，我们应当认识到这是事物前进运动的第一个环节，努力通过第一次否定迎来事物的第二次否定，实现事物进一步的发展。正如在当前的中国特色社会主义建设过程中出现的问题，正是对于发展过程中某些发展模式的否定才使得中国特色的社会主义建设不断地发展。

同时，这又实现了第一个否定，事物才有可能发展到第二次否定，否则事物将不会向前发展。因此在实践活动中，有时我们有必要在遵循事物发展的基础上，创造条件实现事物的第一次否定，以便实现否定之否定。例如，民主革命时期，中国共产党在同敌人进行武装斗争的过程中，在一定条件下，有计划地放弃一些土地。对于中国共产党来说，从占有土地到放弃土地这是一个否定。但是这个否定的作用却是积极的。正是有计划地放弃土地才使得我党保存了力量，争取了斗争的时间，积累了斗争的经验。在各方面条件成熟之后，我们就可以实现重新占有土地，实现第二次否定。

每一个人的成长过程也是如此。在每个人的成长过程中，总会遇到一些挫折和困难，这是我们面对的第一次否定。例如，科学巨人爱因斯坦，首次考大学竟名落孙山。1902年，爱因斯坦被瑞士伯尼尔专利局雇佣。他在专利局工作时，只能偷偷地研究相对论。17岁创造"群论"的杰出数学家迦罗瓦两次考不上大学；爱迪生只读了三个月的书就被退学回家，而且被人认为是不会有所成就的。还有如瓦特、富兰克林、史蒂芬斯、道尔顿、法拉第等科学家，他们小时候都不是高才生，有的甚至连书也没读多少，可是他们却依然作出了巨大的成绩。我们的人生也不例外，总会遇到一些挫折。当我们遇到这些挫折和困难时，更应该把它们看作是我们前进过程中不可多得的财富，正是有它们的存在，我们的人生才有可能实现第二次否定，才能不断地向前，取得更大的成功。

第二，虽然事物的发展过程是曲折的，但是应当坚信其前途是光明的。在估计事物发展道路曲折性的同时决不能忘记其不断前进的总趋势。

例如，史蒂芬逊的火车机车刚刚运行时，其速度还不如马跑得快，也因此遭到他人的嘲笑。1879年，第一台电力机车由德国西门子电气公司研制，重约954公斤的第一台电力机车只在一次柏林贸易展览会上做了一次表演。1903年10月27日，第一台实用电力机车由西门子与通用电气公司共同研制，并投入使用。它的速度达到每小时200公里。1894年，第一台汽油内燃机车由德国研制成功。1941年，以柴油为燃料的新型燃油汽轮机车由瑞士研制成功，它不仅结构简单，而且震动小、运行性能好，因而，在工业国家普遍采用。20世纪60年代以来，各个国家都在大力发展高速列车：法国巴黎至里昂的高速列车，每小时达到260公里；日本东京至大阪的高速列车每小时也可达到200公里以上。之后，法国、日本等国又率先开发了磁悬浮列车。我国也在上海地铁龙阳路站到浦东机场之间修建了世界第一条商用磁悬浮列车线，每小时可达到400—500公里。

第三节　新生事物不可战胜

否定之否定规律揭示出事物自我运动和发展的完整过程是由肯定—否定—否定之否定三个环节、两度否定构成的有规律的过程。事物的发展就是在这样的循环往复中进行的，每一次循环事物都会向更高一级的方向发展。这是事物发展过程中遵循的一般道路，即波浪式或螺旋上升式的前进过程。每一次的否定都是旧事物彻底的死亡和新事物的诞生，是质变，是革命。这就意味着新事物的强大生命力，意味着新事物是不可战胜的。这一原理被看作是否定之否定规律的重要内容。那么什么是新生事物呢？

一、新生事物

在唯物辩证法中，新生事物指的就是那些符合历史发展趋势，具有成长壮大必然性的事物。也就是说，断定某一事物是不是新生事物取决于两个方面：第一，是否符合历史发展趋势，与历史发展的客观要求不符合就不能称之为新生事物；第二，是否具有成长壮大的必然性。如果某事物不必然

115

成长壮大，那就不是新生事物。

在对于新生事物的理解中，要避免两种误区：

第一，将从未出现的事物作为新生事物。例如：修正主义。修正主义首次出现于19世纪90年代德国社会民主党内部。当时，国际共产主义运动已经以马克思主义为指导思想，德国社会民主党成员伯恩斯坦打着马克思主义的旗号，提出要系统地修正马克思主义。可以说，修正主义是国际共产主义运动中打着马克思主义旗号的资产阶级思潮。在20世纪50年代的苏联，斯大林逝世之后，以赫鲁晓夫为代表的修正主义背离了马列主义。1956年2月，赫鲁晓夫主持召开了苏共十二大。会议上，赫鲁晓夫歪曲了马克思主义关于不同制度国家之间和平共处的思想，提出了和平过渡、和平共处、和平竞赛的路线。同时，在"反对个人主义"的招牌下，赫鲁晓夫竭力反对斯大林，丑化社会主义制度和无产阶级专政，在各个方面推行修正主义路线。1959年，苏共二十一大中，赫鲁晓夫继续推行修正主义。1964年，赫鲁晓夫被迫下台之后，另一位修正主义头子勃列日涅夫成为苏联部长议会主席。从时间上看，修正主义虽然出现得较晚，而且之前也没有出现过修正主义统治国家，但是这些都不意味着修正主义是新生事物。

第二，时间上出现得越晚就必然是新生事物。例如，法西斯主义。法西斯主义是资本主义陷入全面危机的产物。20世纪初，资本主义社会动荡，政治、经济不稳定，社会的中间阶级虽不满足于现状但是却仍未觉悟。统治集团也重新寻找新的统治对策，准备重新瓜分世界，这些促成了法西斯的产生和发展。1919年，出现了最初的法西斯组织。1922年，墨索里尼在意大利发动政变，夺取政权，建立了世界上第一个法西斯专政。20世纪30年代，资本主义世界的经济危机使得法西斯主义恶性发展。在时间上，与法西斯主义相比，马克思主义的产生则较早，但是我们却不能认为产生较晚的法西斯主义是新生事物。

二、新生事物不可战胜

正因为新生事物是符合历史发展的客观要求且具有成长壮大的必然性，因此新生事物在成长的过程中必然要战胜一切旧事物，战胜一切腐朽的力量。具体来说：

第一，新生事物是符合历史发展客观要求的，是适合当前社会发展的，而旧事物则是丧失其存在的必然性、日趋灭亡的事物。因此，任何腐朽的力量都不能够阻止新生事物的成长壮大。例如，1921年召开中共一大时，全国共有50多名党员，只有13位党代表参会。党的十五大时，全国已有6000万党员，2048位党代表参会；党的十八大时，参会的党代表增加至2270名。在多年的发展中，中国共产党之所以能够不断地壮大，赢得广大人民群众的拥护就在于它符合中国历史发展的客观规律，符合社会的发展规律，在于中国共产党始终代表着中国先进生产力的发展要求，代表着中国先进文化的前进方向，代表着中国最广大人民群众的根本利益。正如唐朝著名诗人白居易在《赋得古原草送别》中写的那样："离离原上草，一岁一枯荣。野火烧不尽，春风吹又生。"符合历史发展趋势的新生事物无论何时都颠扑不灭。

　　第二，新生事物是在旧事物的母腹中生长的，它吸取了旧事物的优点，又克服了它的缺点，并增加了旧事物中不存在的、所容纳不了的新内容。因而相对于旧事物，新事物具有无可比拟的优越性。例如，世界上第一台计算机于1946年问世，当时这台计算机规模宏大，占地面积167平方米，由7万个电阻、1000只电容器、1.8万个电子管组成，整体重量达到30吨。如此之大的规模，当时这台计算机的每秒运算5000次。在以后的几十年内，计算机的发展可谓是日新月异，就其采用的电子元件就经历了电子管、晶体管、集成电路、大规模集成电路时代的变换。体积也在不断的缩小，每5年体积就缩小到原来的十分之一，运算速度更是每五年就提升十倍。与此同时，计算机的成本却越来越低。近年来，计算机更是以飞快的速度更新换代，并且飞速地进入千万寻常百姓家。从第一台计算机问世至今，大规模集成电路之所以能战胜电子管、晶体管，微机最终之所以能取代占地167平方米的计算机，就在于在前几代计算机基础上产生的微机作为新生事物，既吸取了前几代计算机中合理的、积极的因素，同时又增加了前几代计算机中没有的、富有生命力的新内容。也就是说，微机作为新生事物比前几代计算机拥有更大的优越性。

第三，在社会领域中，新生事物符合历史发展客观要求，符合人民的根本利益，所以它必然得到广大人民的拥护。例如，正如我国的改革开放事业、乡镇企业、经济特区、"税改费"、医保改革等措施和政策都是因为符合历史发展的客观要求，符合人民的根本利益，所以得到人民群众的支持和拥护。

三、新生事物成长的艰难曲折

由于新生事物是在旧事物的母体中产生的，它在成长过程中必然要遇到旧事物的抵抗，因此，新生事物战胜旧事物不是一帆风顺的，而是要经历一个曲折的过程。这是因为：

第一，新生事物在刚刚出现的时候总是弱小的，其地位也不是支配地位。与此同时，与新事物对立的旧事物正处于强大阶段，而且处于支配地位。为了保持自己的支配地位，腐朽的事物必然镇压、摧残一切新生事物，希望将新生事物扼杀在摇篮中。在这样的情况下，新生事物只能通过艰苦的斗争获得自己的发展，否则就不可能从弱小到强大，最终取得支配地位，战胜旧事物。因此在斗争过程中，必然会出现反复、前进与后退。例如，社会主义是在资本主义内部产生的新生事物，它必将战胜资本主义，这是社会发展必然性、上升性的体现。但是它的成长过程又是异常艰难曲折的，有时还会出现暂时的复辟、倒退，这是上升运动中曲折性的表现。如果一遇曲折，就对社会主义丧失信心，这种态度就不是唯物辩证法的态度。

第二，在斗争的过程中，腐朽的事物也不会在一次失败之后就彻底消失，它们总会不断地、反复地与新生事物争夺支配地位。在一定的条件下，旧事物可能暂时地压倒新生事物，取得暂时的支配地位。因此，新生事物需要不断斗争争取、巩固支配地位，直到最终彻底消灭旧事物。例如，1789年爆发的法国大革命经历5年的历程成功之后，结束了法国1000多年的封建专制制度，有力地促进了法国资本主义的发展。但是在大革命成功之后却出现了波旁王朝复辟。除了1815年3个多月的拿破仑百日王朝，1814年到1830年间，全是波旁王朝复辟期，由路易十六的两个弟弟路易十八和查理十世统治。20世纪初辛亥革命成功之后推翻了清王朝的统治，结束了中国2000多年的封建君主专制制度，传播了民主的观念，建立了资产阶级共和国。1912年3月，凭借北洋势力和帝国主义的支持，袁世凯制造"兵变"定都北京，夺得中华民国临时大总统的职位，建立了大地主阶级与大买办阶级联合专政的北洋军阀政权，极力推行专制独裁统治。1917年7月1日，张勋复辟。这些人为了个人的一己私利和自身的地位，竭尽全力扭转历史前进的车轮，结果却被历史的车轮碾得粉碎。

第三，在社会领域中，新生事物符合历史发展客观要求，符合人民的根本利益，所以它必然得到广大人民的拥护。但是，人民群众对于新生事物的认识也需要一个过程。人民群众在新生事物刚刚出现时不能确定其存在的合理性，更不能确定它是否与自己的利益相一致。只有人民群众在自己切身经验的基础上，不断地认识新生事物，经过一段时间和一个过程之后，才能确定新生事物的合理性和其与自身利益的一致性，才会支持新生事物。例如，"多媒体"、"上网"等词语过去很少人知道，现在却成了老百姓的口头禅。"双赢"一词不仅在《现代汉语词典》中没有，而且可能是传统中国人头脑中从来就没有过的概念，但是随着中国的入世，"双赢"一词被国人所熟悉。随着社会的发展，每年都有新生的词汇产生。这些新生的词汇就如同新事物一样，只有老百姓切身体验到它们所带来的便利，体验到新生事物的优越性，百姓才会积极地支持拥护，而要切身地体验到必然需要一个不断接触、熟悉的过程。再如，改革开放之初，人们对于改革开放这一新事物还不了解，对于个体户常常瞧不起。但是随着改革开放的不断发展，非公有制经济不断渗入人们的生活，并且越来越重要，成为社会主义市场经济的重要组成部分。改革开放所取得的巨大成就使得人们认识到改革开放的正确，认识到非公有制经济的重要性。

以上的种种原因决定了新生事物的前途是光明的，但其成长过程必定是艰难的、曲折的。如果我们只看见光明的前途，对于新生事物成长过程的艰难认识不足，就可能会陷入幻想；反之，如果只认识到新生事物曲折的成长过程，忽视其光明的前途，就有可能对新生事物失去希望。

四、实践意义

既然任何新生事物的产生都是符合历史发展的客观规律的，是必然战胜旧事物的。同时，新生事物的成长壮大过程又是艰难曲折的。可以说，任何新生事物的发展都是前进性与曲折性的统一。新生事物的前途是光明的，道路是曲折的，在前进中有曲折，在曲折中有前进，这是一切新生事物发展的必经之路。正确地认识新生事物的发展过程中前进性与曲折性的统一具有重要的实践意义。

第一，对于中国特色社会主义建设而言，我们要坚信中国特色社会主义前途的光明，同时还要做好走曲折道路的准备。社会主义的产生符合生产力与生产关系发展的客观规律，符合历史发展的客观规律，代表着社会发展的方向，具有资本主义所无法比拟的优越性。因此，社会主义必然会得到广大人民群众的支持。但是在中国特色社会主义的建设过程中，必然会出现一些问题，例如，就业问题、新生代农民工问题、生态问题等，还有一些敌对分子的破坏。但是，我们最终定能经受住各种困难、风险的考验。因为中国特色社会主义是马克思主义普遍原理同中国具体国情相结合的产物，是适合中国特点的道路。实践证明，这条道路是正确的，必须坚持走中国特色社会主义道路。

对于这些问题站在人民的立场上来看，它们的出现都是有必要的，而且中国共产党高度重视出现的这些问题，从不同的方面制定措施解决问题。同时，我们更要清楚地看到，中国特色社会主义作为新生事物前途必然是光明的，应该对中国特色社会主义的发展充满信心。当然，在对未来充满信心的同时，更要做好走曲折道路的准备。不能一遇到挫折和困难，就满腹牢骚，而是要立足于自己的本职工作，从做好自己开始迎接中国特色社会主义事业发展中的困难和挫折。

第二，正确对待人生道路中的曲折。我们总是希望自己的人生道路一帆风顺、事事如意，但是现实生活却并非如此。生活中总会遇到各种挫折。1844年，莫尔斯发明了有线电报，使得居住在同一块大陆上但彼此隔绝的人们几乎可以同时知道世界上其他地方发生的事情。然而居住在不同大陆上的人们之间却无法使用电报进行通讯，要想知道其他大陆上发生了什么对于人们来说仍然是一个奢望。如何才能让两个大陆之间进行通讯？一根电缆能够在穿越2000多海里的距离的同时经受海水的巨大压力吗？没有人能够给出确定的回答。富商菲尔德竟然将自己的全部精力和财产投入这项事业之中。他在英国认购了35万英镑的原始资本，改造了两艘英美两国政府提供的战舰，装上了足够的电缆之后就在1857年8月5日出发。从爱尔兰瓦伦西亚的一个海港开始了第一次铺设海底电缆的尝试。在第六天的晚上，300多海里的电缆在海面上消失得无影无踪，菲尔德的第一次尝试以失败告终。第二年，菲尔德带着同样的勇气和信心再次出发，却在第四天遇到了暴风雨，白白地扔掉了200多海里的电缆，第二次的尝试仍然以失败结束。第三次出海时，已经很少有人注意到菲尔德带领的船队了。然而，海底电缆的第一次铺设成功却在此次出海中悄悄地完成了。1858年8月6日，当纽约人第一次接收到英国女王通过海底电缆发过来的贺电时，纽约人欣喜若狂，他们将菲尔德视为英雄。正当人们为此兴奋之时，那根重要的海底电缆却突然沉默了，转眼间，菲尔德从英雄变成了骗子，赞美瞬间变成了咒骂，海底电缆在此后的六年间一直都无人问津。当人们逐渐地忘记之时，菲尔德开始了新的海底电缆铺设，在经历了一次次的失败之后，1866年7月13日，从美洲到欧洲的海底电缆终于铺设成功。一次次的失败、一次次的挫折并没有打倒菲尔德，依靠着坚忍不拔的意志和不屈不挠的精神，菲尔德最终取得了成功。

也正是因为新生事物的前途是光明的，道路是曲折的，所以还需要避免盲目乐观主义和悲观主义。所谓盲目乐观主义就是仅仅看到新生事物的发展前途是光明的，忽视了道路的曲折性，这也就忽略了新生事物不断向前发展的机遇。一旦遇到了较大的困难、挫折，盲目乐观主义者要么视而不见，要么会转而成为悲观主义者。在悲观主义者看来，困难是如此之大以至于自己无法克服，不相信自己可以承受、战胜困难。无论是悲观主义还是盲目的乐观主义都是要不得的。在我们的生活中，我们总要怀着一颗坚韧的心。在顺境中，做好面对艰难曲折的准备；在逆境中，坚信前途的光明，满怀信心地战胜困难。

第五章　唯物辩证法的五大范畴

唯物辩证法不仅仅表现为三大规律——对立统一规律以及由对立统一规律派生出来的质量互变规律和否定之否定规律，还包含着另外一些规律。这些规律也是对立统一规律的具体化表现形态，它们以成对的范畴为形式反映事物发展过程中不同侧面之间的联系。

那么什么是范畴呢？各种具体的科学有范畴吗？各个具体科学的范畴与唯物辩证法的范畴又有哪些不同呢？

所谓范畴就是客观事物的本质在人们头脑中的反映。在人们的实践过程中，会多次地接触到同一种类的事物，久而久之，在人们头脑中就会形成、积累某一类事物的共性、特征、联系等印象。当人们开始对头脑中的这些联系、特征进行归纳、概括、总结时，某类事物的普遍的、共有的本质联系就会被抽象出来，形成了概念。在所有的概念中，那些较为普遍的、较为深刻的概念就是范畴。在这样的逻辑性思维活动下，人们不断地揭示、认识客观世界的规律，不断地达成改造世界的目的。

各个科学领域都有自己学科独具特色的范畴，例如，前面提到过的数学中的微分与积分、正数与负数，物理学科中的压力与压强、质量与速度，化学中化合与分解、中和，生物学中的遗传与变异、同化与异化，政治经济学中的商品与货币等，这些范畴以最直接、最简约的形式反映着本学科特有研究对象的本质联系。当然，正是由于每个科学领域的范畴都具有自身的特色，所以其适用范围也是本科学领域内。与这些具体科学的范畴不同，唯有唯物辩证法的范畴具有普遍的适用性。原因在于唯物辩证法的范畴反应的不是某一具体科学研究对象的联系，而是整个世界最普遍的、本质的联系，适用于一切具体的、特殊的领域。因此，在生活中，无论我们所学的内容归属于哪一门科学，如果遇到了问题就可以运用唯物辩证法的范畴来解决问题，当然这些问题可能有的被解决了，有的未被解决，关键在于是否正确、恰当地使用了唯物辩证法的各种范畴。因此，对于我们来说，学会正确地、恰当地使用唯物辩证法的各种范畴对于不断地解决工作中遇到的问题是非常必要的。

唯物辩证法的范畴有哪些呢？其实，在前面几章的内容中，已经提到了一些范畴，如质、量、肯定、否定，在本章内容中即将提到的五大范畴——本质与现象、原因与结果、形式与内容、必然性与偶然性、可能性与现实性是作为对立统一规律补充和具体化形态的主要成对范畴，而不是唯物辩证法的所有范畴。之所以要重点提到这些范畴是因为它们从不同的侧面反映了对立统一规律，更加深刻、具体地反映了事物发展的客观逻辑，反映了事物发展过程中最普遍的矛盾。因此，要在理解对立统一规律的基础上来理解和运用本章即将提到的五大规律。

第一节　现象与本质

春秋时期的楚国，有一个珠宝商人来到齐国销售自己的珠宝，为了多招揽顾客，使得自己的珠宝畅销，他特地利用名贵的木材制作了许多精致的盒子，这些盒子由于木材名贵因而能自然地散发出一种香味。珠宝商人认为，用这些盒子来装珠宝的话，珠宝定能畅销。有一个郑国人看见精致的盒子，非常喜欢，于是问明价钱之后便买了一个。但是在购买之后，这个郑国人便将盒子内的珠宝退还给了商人，将盒子抱走了。之所以会出现买椟还珠的故事，就是因为这个郑国人不懂得现象与本质。那么什么是现象？什么是本质呢？

一、什么是本质和现象

本质和现象作为事物存在、发展的同一客观过程的两个不同侧面，现象是事物表现出来的表面特征和外部联系，是个别的、多变的，人可以通过感官直接感知观察到。本质则是在不同的现象背后反映出来的事物的根本性质，是事物内部相对稳定的内部联系，人的感官感知不到，只能通过理性思维来把握。就像是我们在生活中不断地看到树叶漂浮在河流中，看到木块漂浮在水上，我们只是通过感官的感知总结出某一类东西能够在水上漂浮，某一类东西会下沉。至于为什么某些东西会漂浮而另一些会下沉就不能够凭借感官感知从而得到问题的答案，必须依靠理性思维的介入。这也正是人类较之于动物的高明之处，人类总是能够透过复杂多变的各种现象寻找位于这些现象背后的稳定的联系，探索出事物的本质，进而规划自己的行动，以达到预期效果。为人类服务的科学的任务当然不仅仅停留在对各种现象进行分类整理，更重要的是通过整理，最终透过这些现象揭示出居于事物内部的本质。如果否定事物的本质，否定认识本质的必要性也就等于否定了人类特点，将人类降低为与动物同一水平。

是否所有的现象都能反映本质呢？答案是否定的，原因在于有些现象与事物的本质正好相反，我们将这一类现象称为假象；将那些能够反映事物本质的现象称为真相。例如，声东击西、明修栈道暗度陈仓、欲擒故纵，在这些事例中，"声东""明修栈道"放纵都是假象，"击西""暗渡陈仓"擒拿才是真相。因此，在科学研究中，在生活工作中，要仔细地区分看到的现象，辨别真相和假象，避免被假象误导最终遭受损失。

二、本质与现象之间的关系

前面提到的关于现象与本质的含义中已经间接地解释了本质与现象之间的关系，简洁地说，本质与现象之间是对立统一的。现象是本质的外部表现，本质总是通过许多的现象体现出来，现象离不开本质，本质也离不开现象。例如，地球的公转总是通过春夏秋冬的四季交替表现出来，地球的自转总是通过黑夜与白天的更替表现出来。同时，本质与现象之间的联系不仅仅表现在现象体现本质，本质也在不断地显现为现象。

但是，现象虽然是本质的表现，但是现象并不等于本质，大量现象的堆砌也不等于本质。假设所有的本质都是大量现象的堆砌和复合，那么人类仅仅凭借感官就能够认识事物的本质，也没有必要进行科学研究。然而，现实并非如此，现象和本质之间是存在区别的，是对立的。它们之间的区别体现在：第一，现象是事物的外部联系，是变幻不定的，而本质则是事物内部的联系，相对稳定；第二，认识现象通过感官感知就可以，而把握本质则需要理性思维；第三，现象表现的是事物不同的侧面，而本质则是现象中共同的、一般的东西；第四，正因为事物存在着多个侧面，现象表现的是事物的不同侧面，因此现象是丰富的、多样的，而本质则比现象要深刻。例如，某位同学在生活中各个方面的言行都得体恰当，这些言行是多方面的，而最终原因则是因为这位同学的品质不错。

三、方法论要求

本质与现象之间的辩证关系具有重要的方法论意义：

第一，本质与现象之间对立关系充分地说明了科学研究的必要性和可能性。人类无法通过感官认识现象背后的本质，因此，科学研究对于人类社会来说不仅是必要的，而且科学研究也是能够揭示事物真相的。人类的认识不能仅仅停留在表层，需要在感知现象的基础上认识事物的本质，更需要透过现象与本质之间统一关系看到本质。当然，透过事物的现象能够追寻到事物的本质，当然，这里的现象并非指所有的现象，而是通过仔细辨识之后的真相。只有透过现象看本质，我们才能辨识生活，人类才能真正地认识世界。

既然透过现象看本质如此重要，我们要怎样做才能透过现象看本质呢？

第一，要深入实际，反复实践。《两小儿辩日》讲述了这样一个故事：其中一个小孩儿认为太阳刚刚出来的时候大得就像是车盖一样，所以离我们近一些，等到了中午太阳就像一个盘子一样，所以离我们远一些；而另外一个小孩儿认为，太阳刚刚出来的时候感受到凉风飕飕，所以离我们远一些，而中午的时候太阳像火球一样使人觉得暖暖的，所以离我们近一些。这两个小孩儿的理由看似都很充分。到底太阳什么时候离我们远一些，什么时候离我们近一些呢？要解决这个问题不能够仅仅凭借我们的感官感知而轻率地下结论，更不能凭借某个或者某几个现象就推断事物的本质，而是要在占有大量现象的基础上深入实践、反复实践才能探索出事物的本质。

第二，发挥主观能动性，通过研究众多现象之间的联系，运用科学的思维方法对他们进行分析和研究，做到去伪存真、去粗取精、由此及彼，最终把握事物的本质。

第二节　内容与形式

一、什么是内容和形式

任何事物都具有一定的内容和形式。作为揭示事物具有的内在结构以及外在表现的一对范畴，构成事物的一切内在要素，如事物的内在矛盾，以及由内在矛盾决定的事物的特征、成分、运动和发展过程等要素的总和就是事物的内容。事物的形式就是将事物内部诸多要素统一起来的结构和表现内容的方式。例如，在一个国家中，这个国家的哪个阶级是统治阶级，哪些阶级是被统治阶级，这是这个国家的内容，是国家的国体问题；而某一国家的统治阶级是怎样统治本国的，采用什么样的方式去保护和组织本国家的政权机关，这是这个国家的形式，是政体。在不同的社会中，劳动者所使用的生产工具不同，劳动者使用何种劳动工具进行物质资料的生产，这是生产力的问题，而劳动者在进行物质资料的生产过程中，剥削阶级与被剥削的关系是怎样的，这是生产关系的问题。人类头脑中的某一个思想反映了什么，所反映的内容是正确的还是错误的，这是思想的内容。而这一思想内容是通过概念、判断，还是推理等形式表现出来，这是思想的形式。对人体而言，一个人的身高、胖瘦等体形特征、外貌，以及衣着是人体的形式，而人体中的血液、骨骼、肌肉等则是人体的内容。

事物的形式往往有两种，一种是外在的形式，一种是内在的形式。内在形式是与特定内容相对应的、与内容密切相关的特定的形式，如一本小说的语言风格、作品结构、题材等都属于内在形式。再如，无产阶级专政的民主集中制中，民主集中制就是无产阶级专政的内在形式，一旦离开了民主集中制，无产阶级专政的意义就会发生改变。外在形式是与事物的内容之间关联性不大，没有必然联系的形式。例如，一本小说的装帧要求，可以是精装版的，也可以是简装版的。在唯物辩证法中，谈到内容与形式时，首先指的是与特定内容密切联系的内在形式，即某事物的内在系统结构。

二、内容与形式的关系

内容与形式之间的关系表现为：既相互区别，又相互联系。

首先，内容和形式之间存在着区别。当然这种区别不仅仅表现为含义的不同，而且也表现在其他方面：第一，就与事物的关系而言，形式是事物存在的条件，内容则是事物存在的基础；第二，正因为内容是事物存在的基础形式，是事物存在的条件，所以在事物确定的情况下，内容是不稳定的、多变的，而形式则是相对稳定的。

其次，内容和形式之间是相统一的，这种统一表现在以下几个方面：第一，在一定条件下，内容和形式可以相互转变。前面提到过内容和形式相互区别，但是这种区别不是绝对的，而是相对的。例如，逻辑关系对于逻辑学来说是逻辑学研究的对象，对于人类思维来说，却是人类思维的内容；对于生产力来说，生产关系是生产力的形式，而对于上层建筑来说，生产关系又是上层建筑的内容。当然这种内容和形式的相对性并不包括具有确定关系的内容和形式之间，因为对于确定的关系来说，内容就是内容，形式就是形式，内容不能既是内容又是形式，形式也不能既是形式又是内容，内容和形式之间的区别是相对的。第二，内容和形式是事物的统一体。内容总是某个事物的内容，与之相对应的形式是某个事物的形式，形式和内容是事物的两个侧面，它们统一于事物。没有脱离内容的形式，也没有脱离形式的内容。当然，形式与内容的不可分离并不是说一种内容只能表现为一种形式，也不意味着一种形式只能表现某种特定的内容。其实，同一种内容在不同的情形下可以采取多种表现形式，同一种形式在不同的情形下也可以表达不同的内容。例如，我国有56个民族，每个民族都有自己的文学艺术方式表达社会主义。再如，阶级社会中必然会存在的阶级斗争，可以是经济上的斗争，也可以是文化上的斗争，还可以是思想上的斗争，而无论是经济斗争、文化斗争，还是思想斗争都可以有多种呈现方式。市场经济在资本主义经济中具有资本主义的内容，而在我国社会主义的条件下，又可以通过改造，成为具有中国特色的社会主义市场经济。从封建社会中形成并发展的昆曲、黄梅戏，可以表达封建社会文化内容，与封建社会相切合，也可以在社会主义条件下转变为反映中国特色社会主义内容的戏曲形式。当然，在这里可能会出现一种错误的理解：即一种特定的形式可以表现出任意的内容，一种特定的内容可以通过任意的形式表现，这种理解是错误的。

再次，内容和形式之间可以相互作用。第一，内容决定形式，有什么样的内容就需要与之相适应的形式，某事物为什么以这样的形式展现而不是以其他的形式展现，取决于该事物的内容。例如，因为生产力决定生产关系，所以人类社会之所以会出现不同的生产关系，是由生产力决定的；同样经济基础决定上层建筑，每个国家采取什么样的社会、经济、文化制度取决于该国的经济基础。再如，1927年下半年，中国共产党以攻打城市为目标领导了南昌起义、秋收起义、广州起义，但是由于敌强我弱，三次起义都以失败告终。1927年9月，当中国共产党领导的秋收起义遭遇挫折之后，毛泽东深入分析了当时中国的形势，认为强大的反革命势力长期地占据着中心城市，依据敌强我弱的形式，提出了向敌人统治意志薄弱的农村地区进军的战略思想，在井冈山建立了第一个农村革命根据地。之后，朱德、陈毅带领南昌起义的部分部队在井冈山会合，革命根据地建设进入了全盛时期。井冈山革命根据地的创建正是实践对农村包围城市的探索。从抗日战争中的游击战和建立敌后根据地，到解放战争的胜利，正是坚持了农村包围城市的正确道路，中国革命才最终取得了全国的政权。一旦脱离了内容确定形式，就会犯错误，例如，在土地革命期间，中国共产党内先后出现了三次照搬苏联经验脱离中国实际的"左"倾错误，尤其是王明的"左"倾教条主义错误，导致第五次反"围剿"的失败。第二，内容决定形式，并不意味着形式只能是被动的，消极的因素。例如，生产力决定生产关系，有什么样的生产力水平就会有什么样的生产关系。当生产关系适应生产力时，生产关系对生产力的发展起着积极的推动作用。当生产关系滞后，不适应生产力的发展时，则会阻碍生产力的发展。当不变更生产关系，生产力就不能够继续发展时，生产关系就会反作用于生产力，即引起生产关系的变革。经济基础与上层建筑之间的辩证关系也是如此。所以内容虽然决定形式，但是形式也反作用于内容。

一般情况下，在事物发展的初期，内容和形式都是基本相适应的，此时，内容是促进事物发展的动力。但是，由于事物的形式是相对稳定的，而内容是活跃的、多变的，因此当事物的内容发生变化、向前发展时，原有的形式相对于内容来说就滞后了，不能再适应已经发展了的内容，此时形式已经成为阻碍内容发展的力量。内容当然也不会因为滞后的形式就停止前进，而是不断地要求突破旧形式，要求变革，用适应新内容的新形式取代旧形式。新的形式产生之后，又会开始重复前面的过程，正是在这样一次次地更新，一次次地从适应到不适应，再从不适应到适应的过程推动了事物的不断发展变化。这就是内容与形式的矛盾运动，即从不适应到适应，再从新的适应到新的不适应的无限发展过程。

三、内容与形式辩证关系的实践意义

第一，注重事物的内容，避免形式主义。既然内容决定形式，因此在观察、分析事物的时候，首先也是必须注重的是事物的内容，进而依据事物的内容确定事物适应什么样的形式。然而，在现实生活中，客观事物的内容和形式却没那么容易辨别，因为它们之间的关系是错综复杂的。现实生活中，客观事物并不是新内容对应新形式，旧内容就采取旧形式，而是新的内容可能借用经过改良后的旧形式，新的形式也可能仍然被旧的内容使用。例如，在社会主义市场经济中企业也有工资和利润，从形式上看，似乎和资本主义市场经济中的企业没有什么区别。其实，它们之间存在着巨大的差别。在资本主义社会，工资是工人在市场上出卖的、潜藏在工人的人体内的劳动力的价值或价格，而不是工人的劳动。资本主义的利润则是剩余价值的转化形式，即超过劳动力生产和再生产所需要的生活费用和维持其家庭成员生活费用之外的那部分价值，正是剩余价值掩盖了资本主义剥削的实质。而社会主义市场经济中的企业的工资和利润是工人创造的价值中用作个人消费和社会消费的那部分，它们反映的不是剥削关系，而是工人之间同志般的合作关系。因此，如果认识事物的时候，只注重形式，而不注重内容，就会被事物的形式所蒙蔽，将新事物误认为是旧事物，将旧事物误认为是新事物。

另外，不仅仅在认识事物的过程要注重事物的内容，在事物变革的问题中，更要注重事物的内容。因为在事物变革的过程中事物的内容发生变化，形式也发生变化，而形式的变化归根结底源于内容的变化。正如前面提到过的生产力与生产关系，当生产关系滞后，不适应生产力的发展时，则会阻碍生产力的发展。当不变更生产关系，生产力就不能够继续发展时，生产关系就会反作用于生产力，即引起生产关系的变革。但是，生产关系的变革最终也取决于生产力的发展状况。在我们的工作中也是一样，当旧的工作方法不适应新的工作内容时，就需要改变工作方法，采用新的工作方法。那到底采用什么样的新工作方法呢？这就取决于新的工作内容。

第二，在注重内容的前提下，还需要注意事物的形式，要善于选择、利用形式，让形式发挥其积极的推动作用。由于形式反作用于内容，因此脱离形式单纯地追求内容也是错误的。在社会主义现代化建设的过程中，在马克思主义基本原理的指导下，遵从社会主义建设的规律，坚持从本国的实际出发，走具有中国特色的社会主义道路。可以说，从民主主义革命的成功到中国特色社会主义建设取得的巨大成就，这些都是善于选择恰当形式的结果。

对于阻碍新内容的旧的形式当然应当及时的破除，但是这种破除是有选择性的而不是全盘否定、全盘抛弃。对于已经完全阻碍新内容发展的形式，我们应该抛弃，对于那些并非完全阻碍新内容发展的旧形式，我们可以将其改良以适应新的内容，也可以有选择性地提取其中优秀的元素，为新形式的创建奠定基础。正如京剧，京剧曾被认为产生于封建社会，并为封建社会服务的，是封建社会的糟粕，因为它的故事情节描述和人物的塑造都是依据社会生活中占据支配地位的孔孟之道，如三纲五常。但是这并不意味着京剧在社会主义时期就要被全盘否定，社会主义时期京剧也同样有用，如《赵氏孤儿》《铡美案》《四进士》中歌颂和维护的社会正义，有依据革命内容而改编的革命现代京剧，如《红灯记》《智取威虎山》《沙家浜》等，更有反映当代生活的京剧《生死界》等。

第三，不断创新的工作精神。根据事物的内容与形式在矛盾运动中不断发展的原理，我们的工作总要依据工作的内容确定相应的工作形式，而不是跨越形式的。新中国成立后，中国共产党立即着手开始恢复国民经济，将重点放在发展农业上，开展了农业合作化运动。1949年10月至1953年，主要是以互助组为主，同时开始试办初级形式的农业合作社；1954—1955年上半年，初级农业合作社在全国推广。1955年下半年至1956年底，农业合作社进入飞速发展时期，大多数农户都参加了高级农业合作社，至此基本上实现了社会主义改造。从农业合作化运动的开展过程中，可以清楚地看到是由最初的互助组发展到一定阶段后进入了初级农业合作社，当初级农业合作社发展成熟后，再进入高级农业合作社，而不是直接一开始就是高级农业合作社，也不是由互助组直接过渡到高级农业合作社。正如俗语所说，不能一口吃一个胖子，而是要依据事物的内容逐步地、不间断地向前推进。

正如事物形式和内容的矛盾运动体现的那样，事物的形式不可能一直都与事物的内容相适应，因此经过一段时间，形式与内容就会由刚开始的适应逐步发展到不适应，形式就会从内容发展的动力转变为内容发展的阻力，这种情况下，就必须变革旧形式，以适应新内容，推动新内容的发展。这就要求我们在工作的过程中不断地创新，以适应不断变化的工作内容的需要。

第三节　原因与结果

一只乌龟从天空中掉了下来，正好砸到了一个秃子的头上。这件看似不可思议的事情，在古希腊哲学家德谟克利特看来，却是可以理解的。他认为，发生这样看似不可思议的事情的原因在于：天空中有一只老鹰，老鹰为了打破乌龟壳将乌龟吃掉，就误把秃子的头当作了石头，所以天上掉下的乌龟砸在秃头上并不是偶然的，而是存在着一系列因果联系的。德谟克利特的这一比喻就是想告诉我们无论遇到怎样可怕、诡异的现象都应该坚信它们一定是由某种原因引起的。德谟克利特本人一生都在追寻事物的因果联系，正如他的名言所说的那样：宁可找到一个因果的解释，也不愿意获得一个波斯王位。

一、什么是因果联系

物质世界的众多现象中，无论哪一种现象都是由某一种或者某一些现象引起的，同时也会引起另外一种或者一些现象的产生。在这种彼此制约的链条中，原因就是产生或者引起某一事物或现象的现象，由于原因的作用而产生的后果或者现象就是结果。简单地说，如果A现象引起B现象，那么A现象就是B现象的原因，B现象就是A现象的结果。原因与结果作为唯物辩证法的五个范畴之一，反映的是客观世界中事物之间的彼此制约的因果关系——由先行现象引起的后续结果之间的必然的联系。

二、因果联系的特点

第一，具有时间上的顺序性。通过上述对原因与结果的解释，不难发现，总是某种原因导致了某种结果，某种结果之所以能够产生正是因为某种原因，因此，从时间上来说，总是原因在前，而结果在后，即前因后果。例如，由于风吹，所以树叶动了；由于太阳照射，所以石头是暖暖的。那么是不是所有的在时间上前后相继的现象之间都具有因果联系呢？例如，白天之后是黑夜，然后白天并不是黑夜产生的原因。在某个公司，甲总是先到公司，随后乙就到达了公司，但是甲却不是乙后到公司的原因。因此，现象之间时间上的先行后续并不等于是前因后果，不能仅仅依靠时间上的先行后续来判断现象之间是否具有因果联系。

第二，必然性。任何现象的出现都是由某种原因引起的，任何现象也都是其他现象产生的原因，例如：风吹草动、熟能生巧，因此因果联系中原因与结果之间引起与被引起的关系就意味着因果联系具有必然性。那是不是所有具有必然性的联系都是因果联系呢？例如，牛顿第二定律中揭示出的F=ma，在这个公式中我们不能说在加速度一定的情况下，由于力增加了所以物体的质量增加了；也不能说在力一定的情况下，由于加速度增加了，所以物体的质量增加了。因为物体的质量是其本身属性，与外力和加速度之间不存在因果联系。

可见，并非所有的必然联系都是因果联系。

第三，客观性。风吹引起草动，不管人们有没有观察到、注意到，草都必然会随风而动的，这是不以人的主观意志为转移的。也就是说，风吹与草动之间的因果联系是客观的。因此，因果联系的客观性就是指客观事物本身所具有的一种相互制约的联系，它不以人的主观意志为转移。无论人们是否能认识到，无论人们是否承认、是否喜欢，现象之间的因果联系就在那里存在着，人们能做的只是在自己的观念中接近正确的反应因果联系。

第四，普遍性。海滩、沙漠、平原、高原、晴天、雨天、雪天、沙尘暴、泥石流，等等，世界上存在的各种现象都有其存在的原因，一切现象都不可避免地受到因果联系的支配。物质世界中不存在无原因的现象或者无结果的现象。正如俗语所说，无风不起浪，没有任何风的情况下海水不可能自己形成一层层的浪。现实世界中总会有不少未解的谜团。例如，中国文字为什么会出现在美洲、金字塔中的层层谜团、曾经繁华的楼兰古城为什么会消失、失踪千年的罗马古城是怎么回事、通天塔到底隐藏了哪些秘密、蕴含玄机的奥梅克雕像以及河南开封的地下叠城，等等，它们的存在只是能够说明产生谜团的原因人类还未认识到，并非意味着它们的产生无原因，是不可认识的。因此科学的任务就在于发现并揭示现象产生的原因，一旦认为某些现象的产生无原因或者不受因果联系的支配，就等于认为这些现象是科学研究或者人类认识永远无法到达的领域，就会陷入不可知论。

是否承认因果联系的客观性和普遍性是唯物论的决定论与唯心论的非决定论的分界线，唯物论的决定论承认因果联系具有客观性和普遍性，而唯心论的非决定论则否认因果联系的客观性和普遍性。那么唯心论是怎样看待因果联系的呢？

唯心主义者和不可知论者鼓吹非决定论，他们关于因果联系有多种看法，但是其共同特点是否认因果联系的客观性和普遍性。他们或者认为世界本无原因，更无结果，因果联系是从人类的主观世界中产生的；或者认为世界上虽有原因、结果，但是却从意识、逻辑等主观世界中创造出现象之间的因果联系，并将这种主观创造出来的联系强加于客观现象；或者认为，因果联系只是人们在长时间的生活中多次看到两种现象之间的前后相随而形成的一种心理上的习惯。同时，唯心论还以目的论来反驳、对抗因果联系的客观性和普遍性。目的论者认为世界上一切事物的存在都是上帝的旨意，其存在的意义在上帝创造之初已经被确定。例如，羊被上帝创造出来就是为了被狼吃，而狼被创造出来就是为了吃羊；老鼠被创造出来就是为了被猫吃，而猫被创造出来就是为了抓老鼠。整个世界都只是体现上帝无限智慧的一个方面。

为什么非决定论者要否定因果联系的客观性和普遍性呢？在马克思看来，他们之所以否定是因为害怕人民群众知道真相，害怕失去自己的剥削者地位。一旦劳动人民知道自己在工厂中出卖的是自己的劳动力，而非劳动，知道了工资的实质，知道了资本家工厂利润的产生原因，那么劳动人民必定会起来推翻他们，改变自己被剥削的状态。

那么，唯物论的决定论是怎样证明因果联系的普遍性和客观性的呢？实践，实践是证明因果联系客观性、普遍性最有力的方式。借助于人类的实践，可以创造某种现象来引起预期的现象，而这种预期的现象可以是之前从来没有出现过的、从未被观察到的。人类的每一次科学发现、每一次实践的新成果都有力地证明了因果联系的普遍性和客观性。

三、因果联系的辩证法

在唯物辩证法看来，作为说明物质世界中众多现象之间相互连接的因果联系不仅是客观的、普遍的，而且也是辩证的，即原因和结果之间是对立统一的。

第一，原因与结果之间是对立的。

原因与结果之间的对立表现在，对于某两种具有因果联系的现象之间，原因和结果之间是相互排斥的。原因就是原因，结果就是结果，原因不可能同时是结果，结果也不可能同时是原因。例如，对于自然现象风吹草动而言，风吹是原因，草动是结果。风吹不可能成为草动的结果，草动也不会成为风吹的原因。地球的公转与春夏秋冬四季交替之间，地球公转是原因，春夏秋冬四季交替是结果，地球自转与昼夜更替之间，地球自转是原因，昼夜更替是结果，原因与结果之间不可能互换。

第二，原因与结果之间是统一的。

原因与结果之间又是相互统一的，这种统一表现在：

第一方面，原因和结果之间是相互依存的，没有原因就没有结果。例如，没有风吹就不会有草动，也不会有海浪。再如，多一分耕耘就多一分收获、多一分劳动就多一分果实，正是因为付出了耕耘、付出了劳动，才获得了收获、获得了果实，如果没有耕耘，哪来的收获和果实呢？多行不义必自毙，正是因为坏事做得太多了，所以迟早都会遭受惩罚。

第二方面，原因和结果之间可以相互转化。整个事物发展链条中，在不同的情形下，原因和结果可以互换位置。A现象引起B现象，B现象又引起了C现象，此时，B现象在与A现象的因果关系中是结果，而在与C现象的因果关系中就是原因。例如，摩擦—生热—起火—爆炸，在这一现象链条中，生热既是摩擦的结果，又是起火的原因；起火既是生热的结果，又是爆炸的原因。

原因与结果之间相互转化的另一种情形是当A现象引起B现象之后，A现象并没有消失，而是继续在起作用，并受到B现象的影响。此时在A现象与B现象的因果联系中，A现象既是原因又是结果。国家之间激烈的竞争归根结底是人才的竞争，而人才的竞争最终是教育实力之间的竞争。教育在经济增长的过程中发挥着重要的作用。经济的持续、高速发展需要教育培养出来的大量人才，满足经济发展的需要，同时由于劳动者素质和技术水平的提升可以加速生产技术的更新，进而推动经济的持续发展。经济的发展又能够为教育的发展提供更多的基础，如资金保障，推动教育的发展，培养出更多高素质的劳动者。自从19世纪60年代后期至今，自动控制理论取得了飞速的发展，对人类社会产生了难以置信的影响。其中，自动控制理论中反馈理论的成功建立与应用，得益于唯物辩证法中的因果关系，因为依据反馈对系统进行调节就是结果对原因的反作用。

四、因果联系的复杂性和多样性

因果联系的复杂性和多样性可以从以下两个方面来理解：

第一，依据前面提到过的矛盾的普遍性与特殊性，每一个客观的过程都有其特殊的矛盾，并且在一定的条件下可以与其他的过程相互作用而构成因果联系，因此，每一个客观过程的因果联系都具有特殊性，都是独特的。依据前面提到过的矛盾的斗争性和同一性，我们知道客观过程是无穷的，而客观过程的每一个阶段中的因果联系又具有特殊性，因此，在某一个客观过程中，因果联系会出现无穷种形式。例如，机械运动明显地表示为因果联系。但是，微观过程的因果联系就不同于机械运动的因果联系。如果将微观过程的因果联系等同于机械运动的因果联系，就不能正确地认识微观过程的因果联系。

第二，在现实生活中，尤其是社会生活中，客观过程之间的相互作用是错综复杂的，因此表现出来的因果联系也是错综复杂的。这种错综复杂主要表现在：一因多果、一果多因、多因多果。

一因多果就是某一个原因同时引起了多个结果。例如：在人类社会的很长一段时间，处于异地人们之间的沟通都是依靠快马传递书信。随着人类科学技术的进步，通信技术和计算机技术的飞速发展使得网络进入到人类社会生活的各个方面。互联网的发展使得人与人的沟通超越空间的限制，我们只需要轻轻地点击鼠标就能够实现古人天下若比邻的梦想。然而，也是由于网络的发展，长时间的上网使得很多人的视力大幅度下降，不少青少年沉迷于网络游戏中不能自拔，网络上的不良信息可能诱导青少年走上违法犯罪道路。再如，某人破坏公共汽车，致使公共汽车倾覆，导致多名乘客伤亡。正是某人破坏公共汽车这一原因导致了多个结果的出现。

一因多果还表现在某一个原因在不同的场合引起不同的结果。例如，火经过炉子时会产生热量，供人取暖；当火包围森林时，就会造成火灾；当火接触到炸药仓库时，就会引起爆炸，造成伤亡和损失。

一果多因就是一种结果的产生是多种原因综合作用的结果。例如，青少年犯罪当前已经成为社会不得不关注的问题，到底是什么原因导致了青少年犯罪呢？例如，青少年犯罪成为当前社会各界关注的问题。青少年为什么会走向违法犯罪呢？仅仅是因为青少年自身的法律意识不强吗？从对很多违法犯罪青少年经历的分析中，我们会清楚地看到，导致青少年犯罪的原因不仅仅是自身法律意识的薄弱，还有家庭保护的缺失，例如，父母溺爱孩子、家庭教育的不到位，还有社会保护、学校保护等多方面的因素。

一果多因也可以是一种结果在不同的条件下由不同的原因导致。例如，两个物体之间通过不断摩擦可以生热，化学运动可以生热，人体运动可以生热，电流通过电阻时也可以生热。

多因多果就是多种原因之间错综复杂的相互作用产生了多种结果。例如，厨师在熬汤的时候使用了很多作料，如葱、姜、蒜、辣椒、白砂糖、陈醋，最终熬制出来的汤微甜、微酸、微辣。实际上多因多果就是一因一果关系的复合，只要能够从众多结果中分析出每一个单一的结果，也就不难理解从每一个结果中分析出其原因。

正是由于上述提到的原因和结果之间的联系如此的错综复杂，不同的客观过程中的因果联系又具有特殊性，因此在现实生活中，当我们需要考察客观过程的因果联系，捋顺错综复杂的因果联系，对不同的因果联系进行具体的分析就显得尤其重要。

对于一果多因而言，就要先弄清楚到底是哪些原因会导致同样的结果。进而依据主次矛盾和矛盾的主要方面与次要方面，明确在这些原因中间哪些是主要原因，哪些是次要原因，哪些是主要原因的主要方面，哪些是主要原因的次要方面，即抓住重点，分清主流和支流。只有这样才能分析清楚某一结果到底是如何产生的，准确地认识和把握现象。就像前面提到过的青少年违法犯罪问题，青少年的违法犯罪是由多种因素综合在一起造成的结果。然而，在众多的因素中，家庭因素和青少年自身的因素是最主要的。因此，从家庭和提升青少年法治意识这两方面入手，就可以大幅度减少青少年的违法犯罪问题。

对于一因多果而言，首先要弄清楚一个原因可能会产生哪些结果，在这些结果所组成的链条中，哪些结果是当前产生的，哪些结果是之后会产生的，哪些结果是积极的，哪些结果是消极的，哪些结果是由原因直接导致的，哪些结果是原因间接导致的，弄清楚这些之后才会对客观过程的未来发展方向有一个大致把握，预测客观过程的走向。例如，木材可以烧制成为木炭，木炭出售之后可以增加经济收入。那么如果想要更多的经济收入，就需要更多的木材。因此，烧制木炭的结果就不仅仅是经济收入的增加，也会因为过度砍伐而造成水土流失、沙漠化、空气污染等环境问题，还会造成森林资源的减少。弄清楚烧制木炭可能造成的当前结果与长远结果之后会更加科学地认识烧制木炭这一行为，保护生态环境也就呼之欲出，成为自觉的行为。

五、因果联系原理的实践意义

对于辩证唯物主义来说，证明因果联系的客观性与普遍性的最有力证据就是人类的实践。人类总是在实践活动中认识物质世界现象之间的因果联系，当认识到现象之间的因果联系之后，这样的认识又反过来成为之后进行实践活动的必要条件。这就是为什么人类在进行某种活动之前能够预见到可能的结果，能够为了实现某种结果预设、创造一些原因。虽然受到实践经验和对现象之间因果联系的限制，人们的预测结果或者创设原因的能力是有限的，预测的结果并非完全正确，有的原因可能目前创设不出来。但是在不断进行的实践活动中，人类的预测结果能力和创设原因的能力必定会不断提升。无论是无产阶级政党，还是人民群众都具有重大实践意义。

第一，中国共产党所肩负的历史重任决定了政党本身和它所制定的路线、方针、政策必须具有科学的预见性。中国共产党作为中国特色社会主义事业的领导核心，代表着中国先进生产力的发展要求、代表着中国先进文化的前进方向、代表着最广大人民的根本利益，因此对于中国共产党来说必须具有科学的、准确的预见性，因为只有具有准确的预见性，科学地分析中国社会的现实情况，才能够制定出符合中国社会发展的各项方针、政策，才能逐步地完成所肩负的历史重任。而这种科学的、准确的预见性是以明晰因果联系为前提的，如果没有正确的认识现象之间的因果联系，或者根本不去思考、分析现象之间的因果联系，根本就不可能拥有准确预见的能力，更不可能制定出正确的路线、方针和政策。例如，民主革命时期，农村包围城市战略方针的确立正是毛泽东在正确分析中国革命各种因素的因果联系，也正是农村包围城市的战略方针使得土地革命取得了胜利。

第二，我们在日常工作中，更要三思而后行，避免不必要的错误以及造成的损失。这就要求我们认真地分析客观事物的因果联系，如果能够知道这种原因可能会产生某种消极的结果，那么就可以发挥主观能动性，避免消极结果的产生。同样，如果知道某种想要达到的结果需要哪些原因就可以产生，就可以创造出一些条件来达到预期的结果。正如《礼记·中庸》："凡事预则立，不预则废。言前定则不跲，事前定则不困，行前定则不疚，道前定则不穷。"认识客观事物之间存在的因果联系，发挥人的主观能动性，才能最终促进事物的成功。

当然，正确地认识因果联系并非意味着在此后的工作中就绝对不会出现失误，因为人的认识能力在某一阶段总是有局限性的。而突破这种局限性的最佳办法就是不断实践，在实践中深化对因果联系的认识，不断地走向成功，避免失败。

第四节　必然性与偶然性

《韩非子·五蠹》中记载，宋国有一个农民，在他家的田地中有一截木桩。一天，一只野兔飞快地奔跑着，无意中撞到了木桩，因扭断了脖子而死了。于是，这个农民便扔下了自己的农具傻傻地守在木桩旁边，期待着再得到一只野兔。然而再次以这种方式得到野兔却是不可能的，这个农民也成了宋国人的笑柄。其实，从哲学角度来看，守在木桩旁边之所以不可能再次得到野兔就是因为这个农民不懂得必然性与偶然性之间的关系。在本章中我们即将深入地了解必然性与偶然性。

一、必然性与偶然性

在长期的实践生活中，人们从熟悉的客观过程中总结出了一些道理，如农民知道种瓜得瓜，种豆得豆，至于一粒瓜种能长出几个瓜，一粒豆种能长出几个豆荚，每个豆荚中有几粒豆子是不确定的。这种道理中包含着朴素的关于必然性与偶然性的观念。当然这些朴素的观念并不足以深刻认识唯物辩证法中必然性与偶然性这一对范畴，那什么是必然性，什么是偶然性，必然性与偶然性之间的关系如何呢？这就需要借助于唯物辩证法中的对立统一规律，因为必然性与偶然性这一对范畴正是对立统一规律的具体表现形态。

事物内部的根本矛盾贯穿于事物发展的整个过程，是事物发展的动力。正是由于事物内部的根本矛盾决定了事物的发展方向，因此，事物的根本矛盾不解决，其发展方向就不会发生改变。所以，客观事物在发展和联系的过程中，由事物内部根本矛盾决定的、一定会发生的、确定不移的趋势就是必然性。例如，在资本主义社会，生产资料私有制与社会化大生产之间的矛盾是资本主义社会的根本矛盾，只要这一根本矛盾不解决，资本主义最终必定会被社会主义所取代。

生物体的根本矛盾是新陈代谢，只要生物体不死亡，生物体内就会一直进行着同化和异化作用，然而，生物体都经历着自然的生老病死，新陈代谢最终都会停止，这是每个生物体必然会发生的。

偶然性与必然性不同，我们都知道我们每一个人终将走向死亡，告别人世，然而我们是以怎样的方式结束生命走向死亡，我们的生命体什么时候死亡却是不确定的。因此，偶然性就是在客观事物的发展过程中，并非一定会发生的，可以发生也可以不发生，可以这样发生也可以那样发生的，不确定的趋势。当然，之所以是不确定的趋势就是因为事物的发展会受到非根本矛盾和外部条件的影响。那么非根本矛盾与外部条件是怎样影响事物发展的呢？

对立统一规律告诉我们，虽然事物的发展趋势是由事物内部的根本矛盾决定的，但是次要矛盾、主要矛盾的次要方面也是不容忽视的。在事物的发展进程中，次要矛盾、主要矛盾的次要方面解决的如何，是被解决了还是被激化了，是部分解决了还是一点儿都没解决，对于事物内部的根本矛盾是会产生影响的。当然，这种影响虽然不足以改变事物发展的方向、总趋势，但是会加速或者延缓事物向着确定的方向发展，使得事物的整个发展过程呈现出一些特点，而这些特点对于整个过程来说是偶然的。例如，社会主义阶段在发展成熟之后必然会走向共产主义，在我国目前的社会主义初级阶段中，其主要矛盾是人民日益增长的物质文化需求同落后的社会生产力之间的矛盾。这一矛盾决定着我们必然能够发展到高级社会主义阶段，能够进入共产主义社会。与此同时，由于社会主义初级阶段仍然存在着阶级矛盾，阶级矛盾的解决会加速或者延缓进入共产主义的进程，阶级矛盾的解决与否也会影响着社会主义的发展。

某一个事物的发展虽然由其内部矛盾决定，但是对立统一规律还指出了任何事物都不是孤立的，而是与周围的事物有着千丝万缕的联系。有联系就意味着事物的发展必然会受到其他事物的影响和干扰。即事物的发展不但取决于内因，也会受到外因的影响。正是外因的影响使得事物在向既定的方向发展的进程中会出现种种的偏离和摇摆不定，造成许多偶然性的发生。例如，虽然种瓜必定得瓜，种豆必定得豆，但是一粒瓜种能长出几个瓜，一粒豆种能长出几个豆荚是不确定的。这要取决于它们在生长过程中的光照条件、水分、养料等条件。如果生长环境和养料补给状况较好，没有自然灾害，就可能会多结果；如果生长环境和养料补给状况不好，或者遭遇旱涝灾害、冰雹、虫灾等灾害就会少结果或者不结果。

二、必然性与偶然性的关系

必然性与偶然性之间相互对立：必然性不是偶然性，偶然性也不是必然性；同时必然性与偶然性之间又相互依赖，必然性离不开偶然性，偶然性也离不开必然性。当然，这里必然性与偶然性之间的辩证关系都是对于同一过程中的必然性与偶然性而言的。如果它们不在同一个过程之中，那么也就没有什么关系了。例如：西瓜苗长大之后会长出西瓜是必然的，结出几个西瓜却是偶然的；市场经济中的价值规律是必然的，某种商品的价格在哪天涨价或者降价却是偶然的。但是如果将西瓜苗在长大之后结了几个西瓜的偶然性与市场经济中必然会存在价值规律之间对比，就不存在必然或者偶然的问题，因为它们并不处于同一个过程中。

第一，必然性与偶然性相互区别。

必然性与偶然性之间的对立主要表现在必然性与偶然性之间的区别，这种区别表现在三个方面：第一方面，产生的原因不同。如前面所述，必然性是由事物内部的根本矛盾产生的，而偶然性是由事物内部的次要矛盾、主要矛盾的次要方面与事物外部条件产生的。例如，受精的鸭蛋必然能孵出小鸭子是由受精的鸭蛋决定的，而小鸭子几点几分破壳而出则是偶然的，受到孵蛋外部环境的影响。第二方面，地位不同。不同的产生原因就决定了必然性与偶然性在事物发展过程中居于不同的地位。由根本矛盾产生的必然性在事物的发展过程中居于支配地位，决定着事物发展的总趋势和方向；由非根本矛盾和事物的外部条件产生的偶然性在事物的发展过程中属从属地位，对事物发展的最终趋势不起决定作用，只是加快或者延缓事物的发展进程，使得事物的发展过程具有一定的特点或者产生摇摆、偏差。第三方面，产生原因的不同也决定了必然性与偶然性不同的表现形式。由于事物的发展趋势是由根本矛盾决定的，而事物的根本矛盾在未解决之前一直存在，因此必然性在事物的发展过程中是稳定的、确定的。而相对于根本矛盾的非主要矛盾和事物的外部因素是不断变化的，这就决定了偶然性在事物发展过程中是不确定的、不稳定的，是暂时的。

第二，必然性与偶然性是统一的。

第一方面，偶然性与必然性是相互依赖的，共同存在于客观事物的发展过程中。必然性寓于偶然性之中，并通过偶然性表现出来，不存在脱离偶然性的纯粹的必然性。也就是说，任何事物的发展过程中，既有偶然性，也有必然性，不存在只有必然性而没有偶然性的发展过程。例如，在市场经济中，商品的价格总是在供求关系的影响下，以价值为中心上下波动。每一次价格的变动看似是一次次的偶然现象，其实在其背后隐藏的是价值规律的必然性，围绕价值的价格波动是价值规律的表现形式。

同时，偶然性体现着必然性，并且受制于必然性，不存在脱离必然性的纯粹偶然性。例如，每一个历史时代都有其历史任务，历史总是向前发展的，这些历史任务也终究将由某个领袖领导广大人民群众完成。然而，是谁带领人民群众实现历史任务，这个领袖人物哪一年哪一天出现是不确定的，是带有偶然性的，同时这个人的出现从历史发展的角度看又是必然的。再如，刚刚提到的价值规律，虽然价格总是在上下波动，但不是随意波动的，而是围绕着价值，受到价值规律制约的。

第二方面，在一定条件下，偶然性与必然性是可以相互转化的。偶然性与必然性相互转化的情形是非常复杂的，但是无论是处于哪一种条件下的相互转化都是因为根本矛盾发生的转变。例如，在事物发展的前一个过程是偶然的现象，而在下一个过程中则成了必然的现象。在原始社会，人们会用自己多余的物品与他人交换，得到自己所需的物资。对于原始社会来说，交换行为是偶然的。而在商品经济中，商品经济本身就是以交换为目的的经济形式，因为对于商品经济来说，交换行为是必然的；再如，在某一个过程中是偶然的现象，对于另一个过程来说就是必然的现象。"橘生淮南则为橘，生于淮北则为枳"，某一棵橘树到底是生长在淮南还是生长在淮北是橘树本身决定不了的，是具有偶然性的，而对于地球上整个地理环境来说，淮南或淮北为橘树的生长提供了怎样的自然条件却是必然的，是由其地理位置决定的。

唯物辩证法坚持偶然性与必然性之间的辩证统一关系。如果只看到客观世界的偶然性，否认必然性就会陷入唯心主义的非决定论。例如，历史之所以会这样发展而不是那样发展是因为那些历史人物的出现，如果他们不出现，历史就不会出现现在的发展。再如，万有引力定律之所以会被发现就是因为牛顿的偶然出现。而之所以能够由牛顿发现而非其他人发现就是因为苹果偶然地砸到了牛顿。如果苹果没有砸到牛顿或者如果牛顿没有出现，那么万有引力定律就不会被发现；如果只看到客观世界的必然性，就会认为世界上的万物都是早已注定的，世界的任何现象都是受到某种外在力量的操控，因此，否认偶然性就会陷入机械论或者宿命论。另外，如果仅仅承认必然性与偶然性，而否认它们之间的联系，就会认为必然性与偶然性之间毫无关联。这些观点都不能够正确地认识实践活动中出现的偶然现象与必然现象，更不能正确地指导人类实践活动。

三、必然性与偶然性原理的实践意义

必然性与偶然性之间的辩证关系对于实践活动有着重要的意义：

第一，正确地区分偶然性现象与必然性现象。在现实生活多种多样的现象中，总有一些现象是偶然现象，另一些现象是必然现象，只有正确地区分偶然性现象与必然性现象，才能够明确实践活动是建立在必然性基础上的。例如，守株待兔故事中的宋人之所以放弃农活而在木桩前傻傻地等待野兔的再次出现就在于他没有区分清楚第一次野兔撞死是偶然的现象，而通过自己的劳动取得收获才是必然。在学习工作中也是一样，某位平时不太努力的同学在某次考试中取得好成绩，这只是偶然的现象，并不意味着其他的人可以在学习中不努力之后也能取得好的成绩。侥幸心理的存在就在于将希望寄托在偶然事件上，这是不符合偶然性与必然性原理的。只有将希望寄托在必然事件上，即认识到在必然性的基础上进行实践活动，才能达到预期的目的，取得预期的成功。

第二，善于透过偶然性现象，抓住事物发展的必然趋势。在事物发展的过程中，偶然性并不是频繁出现的，它们只是偶尔、偶然出现。善于抓住这些偶然性现象有助于我们认识事物。例如，在伦琴的一次放电实验中，为了保证实验的准确性，他在实验之前用硬纸和锡纸将各种实验器材包严，并让阴极射线通过一个没有安装铝窗的阴极管透出来。在实验的进行中，他惊奇地发现，对着阴极射线发射的一块涂有氰亚铂酸钡的屏幕——这个屏幕用于另外一个实验，竟然发出了光。而放电管旁边那叠原本严密封闭的底片，却被曝光变成了灰黑色。实验中出现的偶然现象可能会被很多人忽略，而伦琴却仅仅抓住这一偶然现象，通过进一步的研究，最终发现了X射线。弗莱明也是仅仅抓住偶然出现的现象而发现了青霉素。玻尔兹曼和吉布斯，把偶然性、概率和统计方法引入物理学，极大地动摇了以牛顿和爱因斯坦为代表的传统的必然性观念；弗里德曼等人的宇宙大爆炸理论揭示了宇宙存在的相对性和不确定性；海森堡以测不准原理揭示了微观世界中粒子位置和运动速度的相对性、不确定性；爱因斯坦的相对论揭示了时间和空间的相对性、不确定性；著名的"蝴蝶效应"揭示了自然界的混沌现象。正如前面所提到的，必然性总是透过偶然性表现出来的，善于透过这些偶然现象而发现居于偶然现象之后的必然性，是科学研究所需要的，也是我们在工作生活中需要的。

第三，重视事物发展过程中的偶然性因素。事物的发展过程中虽然会出现各种不同的偶然现象，但是由事物内部确定的发展趋势是必然的、确定的，不会因为各种偶然现象而发生改变。这并不意味着就可以忽视偶然现象，因为偶然性虽然不足以改变客观过程的发展方向，但是却会推进或者延缓发展进程。在现代社会实践中，偶然性的作用也不容忽视，而且其作用越来越突出。例如，美国的"911"事件、西班牙的"311"恐怖袭击事件、英国的"77"恐怖袭击事件、非典疫情、H7N9疫情、生活中出现的空难、各种社会突发事件、事故以及地震、沙尘暴、山体滑坡、泥石流、台风、海啸、火山爆发等自然灾害，都在提醒人们强化对偶然性的认识和关注，这些偶然性事件的出现，极大地影响某种历史运动的进程。

第五节　可能与现实

在管理学中有一个著名的"木桶理论"，在一个木桶中装入水量的多少，取决于最短的那块木板。在"木桶理论"中，我们不难发现，对于较大的木桶来说，能装入的水量则较多；对于较小的木桶，装入的水量则较少；两个木桶相比较下，如果其中一个木桶最短的那块木板较长，则能装入较多的水；另一个短板较短的木桶，装入的水量则较少。这就是现实性的问题。如果想方设法地突破木桶短板的限制，如将木桶倾斜，尽可能多装入一些水，这就是一种可能性。

一、什么是现实性

物质世界中各种各样的事物与现象中，有些是曾经存在过的但是现在已经不存在的，有些是当下存在着的，还有一些是当前不存在但是未来会存在的，例如，对于人类社会的发展而言，封建社会是曾经存在过的，资本主义社会、社会主义社会是当前存在的，共产主义社会虽然当前还没有实现但是将来会实现的。现实性，作为哲学范畴，标志着是当前已经存在的客观事物或者现象。例如，中国特色社会主义建设、改革开放的众多成果，这些都是在我们面前存在着的现实。

在当前存在着众多的客观事物或现象中，有一些客观事物或现象是符合历史发展趋势的，具有发展前途的。因此对于此类客观事物或者现象我们需要促使它们更好的发展。例如，改革开放，改革开放以来，我国取得了巨大的成绩。在中国特色社会主义的建设过程中，需要坚持改革开放这一强大的动力，坚持走改革开放之路。同时，也存在着另外一些客观事物或者现象，它们与历史的发展趋势背道而驰，是没有发展前途的腐朽事物，对于此类事物我们应当促使它们的灭亡。例如，在当前社会中，总会有一小股民族分裂势力，他们就是与民族团结这一历史趋势背道而驰的，破坏当前的民族团结局势。

二、什么是可能性

对立统一规律告诉我们，任何事物内部都包含着矛盾，事物内部的矛盾决定了事物的发展。即事物内部矛盾之间斗争推动事物不断的发展变化。在每个发展阶段中，矛盾的双方相互斗争，不是这一方获胜就是另一方获胜。可能性指的就是包含在现在事物中的，预示着客观事物或现象未来发展的种种趋势。

要准确地理解可能性这一范畴，需要区分清楚以下几种情况：

第一，可能性与不可能性。客观事物或者现象的内部矛盾决定着可能性，是可能性的内在依据。客观事物或者现象中存在着什么样的内部矛盾，就有什么样的可能性。例如，受精的鸡蛋孵出小鸡，桃树结出桃子，这些都是可能的。如果客观事物或者现象中不存在某种特定的矛盾，那么在任何条件下这种矛盾所决定的可能性也不会变成现实的事情，这就是不可能性。例如，让桃树长出西瓜就是不可能的；不需要消耗能量而永远能够对外做功的第一类永动机是不可能的，因为它违反了能量守恒定律；在不存在温差的条件下，借助于空气或海水中的热量而永远运动、对外做功的第二类永动机也是不可能的，因为它违反了热力学定律；公元前219年，秦始皇曾经在山东半岛流连了三个月，就是因为他听说渤海湾中有一座仙山，山中的仙人有长生不老药，他希望自己能够找到仙药，长生不老。其实，长生不老就是不可能的，因为它违背了生物体生老病死的自然规律。

区分清楚可能性与不可能性对于我们的意义在于，正确地认识事物发展过程中的趋势，以便于确定自己的目标，只有正确地估计了可能性，才能进行有效的行动。如果将不可能性确定为目标，不仅不会实现，而且还白费力气。

第二，现实可能性与抽象可能性。上面提到过的由事物内部的矛盾决定的，事物发展的可能性就是现实的可能性。因为这种可能性在现实中有充分的根据，在一定条件下，是可以变成现实的。它是当前我们努力目标确定的客观依据。例如，一个医科大学的大学生毕业之后成为一名医生，一个师范大学的学生毕业之后成为一名人民教师，这些都是现实的可能性。

与现实的可能性相对立的是抽象的可能性。所谓抽象的可能性就是在现实中存在一定的根据，但是这种根据还没有展开，只有在以后的发展阶段中才能实现的可能性。从抽象的可能性出发，我们就能知道，抽象的可能性与不可能性是有区别的，不可能性在现实中不存在依据，而抽象的可能性在现实中存在一定的依据；例如，让石头变成小鸭子就是不可能的，实现按需分配就是抽象的可能性。抽象的可能性与现实的可能性也是有区别的，现实的可能性在下一阶段中就能转变为现实，而抽象的可能性在下一阶段中不能转变为现实。例如，当前我国正在进行着具有中国特色的社会主义建设，提高人民的生活水平、不断地发展生产力是完全能够实现的，这就是现实的可能性。但是在目前立即完全实现按需分配就是不可能的，因为虽然当前存在着按需分配的根据，但是这种根据还没有充分地展开，这就是抽象的可能性。再如，一个师范大学的学生毕业之后成为一位人民教师就是现实的可能性，成为一位宇航员就是抽象的可能性。

第三，区分好的可能性与坏的可能性。在事物内部矛盾斗争的过程中，往往存在着两种相反的现实可能性，不是一方取胜，就是另一方获胜。好的可能性就是内部矛盾中好的一方战胜旧的一方，促进事物向前发展的可能性；坏的可能性就是内部矛盾中，旧的一方暂时战胜新的一方，使事物的发展出现倒退、停滞。例如，对于一名大学生来说，毕业之后能够顺利就业就是好的、前进的可能性；如果这个学生在毕业之后找不到工作，不能够顺利就业就是坏的可能性。在人类社会的发展，和平发展就是好的可能性，战争就是坏的可能性。

第四，对可能性作出量的分析。虽然事物内部矛盾决定着事物的发展最终有两个方面的可能性，虽然在特定条件下，如果事物内部存在着多种矛盾，而且主要矛盾与非主要矛盾之间可以相互转化时，事物的发展存在着多种可能性，但是每一种可能性实现的或然率是不一样的。所谓或然率就是表示可能性的数量和发展程度的范畴。例如，对于某项教学实验来说，如果100次的实验只成功了10次，那么或然率为0.1，这就意味着成功的可能性还不大，还需要不断的改进，不能在教学中广泛推广。如果每100次实验中成了99次，只有1次没成功，或然率就为0.99，教学实验中的模式就可以在教学中广泛推广。在这个实验过程中，在试验总次数不变的前提下，成功次数不断增加，或然率就不断提高。也就是说，在这一项医学实验中，可能性经历了从低到高，从小到大的发展过程。如果我们可以对工作生活中遇到的可能性的或然率进行比较精确的分析，我们就能够做到心中有数，从容地应对面临的问题。

对可能性作出详细分析，区分清楚可能性与不可能性，可以帮助我们将自己的追求放在可能实现的目标上，而放弃没有可能性的东西，避免白白地浪费精力。例如，让桃树上结出西瓜，只能白白浪费精力，不如将精力放在改良桃树的品种上，增加桃树的产量。同时也可以避免主观地把可能实现的东西误认为是不可能实现而放弃，从而确定目标，把握机会。例如，师范大学的学生希望成为律师是有可能的，而不是不可能的。确定这种可能性之后才能不断地努力，实现目标。区分清楚不可能性与抽象的可能性，能够帮助我们认识清楚目标，避免将抽象的可能性误认为不可能性，错失机会，同时也可以坚定我们的信念，不断地努力追求。另外，区分好的可能性与坏的可能性，能够让我们心中有数，发挥主观能动性，增大好的可能性，避免坏的可能性。例如，大学生毕业之后顺利就业就是好的可能性，而毕业之后就业不顺利就是坏的可能性，认识清楚这两种可能性之后，就会在大学期间心中有数，不断地提升自己的能力，减少毕业之后就业不顺利的概率。

三、可能性与现实性的关系

可能性与现实性之间是对立统一的，对立性表现在可能性与现实性之间的区别；统一性表现在可能性包含在现实性之中，现实性是已经实现了的可能性。同时，在一定的条件下，可能性与现实性之间可以相互转化。

第一，可能性与现实性是相互对立的。

可能性是包含在现在事物中的，预示着客观事物或现象未来发展的种种趋势，是目前还未实现但未来将会实现，其着眼点在未来。现实性标志着当前已经存在的客观事物或者现象，是已经实现了的可能性，着眼点在于当下。例如，受精的鸡蛋包含着孵出小鸡的可能性，但是这种可能性还不等于现实，种蛋与小鸡之间有着明显的区别。如果种蛋变成了小鸡，那么受精的鸡蛋已经不再是种蛋了。

第二，可能性与现实性是统一的。

可能性与现实性的统一表现在以下几个方面：

第一方面，可能性包含在现实性之中，是尚未展开的、尚未实现的现实。现实性则是已经展开的、已经实现的可能性，同时在当下的现实中又孕育着新的可能性。所以，没有可能性就没有现实性，没有现实性也没有可能性。就像是豆种之中包含着成为豆秧的可能性，没有豆种就不会有豆秧。同时豆秧是已经发芽、成长了的豆种，在豆秧的果实成熟之后又可能成为种豆，孕育着新的豆秧。

第二方面，可能性与现实性又是相互转化的。但是这种转化并不是无条件的，而是需要在一定的条件下，即可能性转化为现实性需要特定的因素——事物的内部矛盾和所处的外部环境或条件。

对立统一规律告诉我们，任何事物内部都包含着矛盾，矛盾双方的斗争推动着事物的发展变化。不同的矛盾以及矛盾的不同方面预示着事物发展的不同方向。在这些方向中，事物会向着哪一个方向发展取决于事物的内因，即在该事物内部矛盾斗争的结果，哪一对矛盾或者矛盾的哪一方取得了支配地位，事物就会朝着这个方向发展。例如，我们赖以生存的太阳。太阳中就存在着一对矛盾：由于太阳本身巨大的质量，在万有引力作用下，太阳中的物质都具有向内塌缩的倾向，这就使得太阳体积有变小的趋势；同时，由于太阳中心存在着巨大的压力和温度，如此巨大的压力和温度就会引发太阳中心的核聚变反应，从而产生一个反抗塌缩效应的作用力。在现在阶段任何一方也无法吃掉另一方，因此太阳处于对抗的状态。而50亿年后，由于太阳反抗塌缩效应赖以发生核聚变的物质氢和氦都被消耗完毕，此时矛盾的一方面——反抗塌缩效应的作用力就消失了，太阳内的物质向中心塌缩终于战胜了核反应，太阳将塌缩成一颗白矮星，不再发光发热。

同时，任何事物的发展都不是孤立的，它都与周围的事物有着千丝万缕的联系，相互影响，相互制约。因此，可能性转化为现实性的过程中，内因固然重要，但是外因也是不可忽视的，即重视事物所处的外部环境或条件。在某些情况下，外因甚至会对事物的发展起决定作用。例如，在社会主义现代化建设的过程中，坚持自力更生、自力更生的基本原则。对于发展中的中国而言，拥有着十多亿的人口和丰富的自然资源，蕴含着广阔的国内市场和经济发展潜力。同时，作为独立的社会主义国家，国家政治、经济的自主权力是必须坚持的，不容他国干涉。如果依赖外援，放弃自力更生，就会丧失独立自主的权力。但是自力更生并不意味着盲目排外，在当前开放的世界中，我们在独立自主、自力更生的同时，坚持对外开放政策，利用国外的资金和先进技术，吸收和学习国外一切对现代化建设有益的东西，为我国的现代化建设服务。如果不对外开放，就有可能减缓社会主义现代化建设的进程。对外开放有助于推动社会主义现代化建设，增强独立自主的能力。而独立自主地发展好本国的经济又是对外开放的基础，只有提升综合国力和经济实力，才能开展更有深度和广度的对外开放。

无论是社会现象还是自然现象，人的主观能动性对于事物的发展起着巨大的作用。对于社会现象来说，社会是由人组成的社会，历史是由人自己创造的，正因为如此研究历史人物成为历史学研究的主题之一。同时，人的活动在很大程度上左右了历史的发展。例如，抗日战争的胜利，虽然革命的客观形势已经成熟；虽然从战争形势上来说中方是正义的，而日方是非正义的，但是这也都不能成为战争最终取得胜利的根本原因。如果没有全民族的参与，没有中国共产党的正确领导，抗日战争是不可能取得成功的。更进一步说，如果没有人的参与，更没有抗日战争的出现。

在自然现象中，尽管变化发展的主体虽然是物而不是人，但是只要人力能够干预的自然过程，主观能动性就会成为可能性转化为现实性的重要条件。科学技术的作用正在于此。通过科学对于自然界各种现象的研究，揭示出某些客观事物存在着哪些可能性，使得这些客观事物的发展在人类的主观干预下，得到人类想要的结果。例如：在自然情况下，水仙花不会在冬天开放。然而正是由于人类通过科学研究懂得了水仙花开放的各方面条件，制造温室，最终使得我们在三九寒冬也能看到水仙的绽放。再如，水稻的生长是一个自然的过程，但是通过发挥人的主观能动性，却可以改良水稻的品种，如杂交水稻，提升水稻的产量。核发电也是如此，正是通过科学研究发现了轻的原子核在融合的过程中和重原子核在分裂的过程中都能够放出能量，从而出现了核发电技术，为生产生活提供了大量的电力资源。

四、主观能动性的作用

既然主观能动性在可能性转化为现实性的过程如此重要，那要怎样发挥主观能动性呢？具体来说有两种情况：

第一，选择需要的可能性。在一定条件下，如果事物内部存在着多种矛盾，主要矛盾与非主要矛盾又可以相互转化的话，事物就存在着多种可能性。在这些可能性之后，必定有一些是我们想要的，有一些是我们想避免的，此时我们就可以发挥我们的主观能动性，在不同的可能性之间进行选择。例如，对于大学在校学生来说，客观上存在着两种可能性：毕业后顺利工作与毕业后不能顺利就业。在对这两种可能性进行选择时，我们都希望自己能够在毕业之后顺利工作，因此大多数的学生都能客观的估计这两种可能性，在校期间扎实专业基础，提升社会实践能力，最终顺利毕业、就业。因此，在学习、工作和生活中，总会遇到好的可能性与坏的可能性，这就需要我们发挥主观能动性，促进那些好的可能性转变为现实，阻止那些不好的可能性。当我们遇到两种坏的可能性时，也需要我们发挥主观能动性，两者之中选择，"两权其害取其轻"，避免最坏的可能性。

当然，在好的可能性与坏的可能性之间或者两个坏的可能性之间进行选择的同时，更需要我们将工作的重点放在坏的或者最坏的可能性上。因为对最坏的可能性做准备也就是为好的可能性转化为现实准备条件。否则，当我们主观能动性有限，阻止不了坏的可能性转变为现实的时候，我们就会措手不及，而不是有备无患，应对自如了。

抗日战争结束后，中国共产党清醒地认识到中国未来的发展有两个方向：在反对独裁、争取和平中出现国内的和平局面，或者出现全面内战。在清楚地认识这两种可能性之后，中国共产党在争取和平的基础上，将自己的工作重点放在壮大自己的力量，对抗国民党可能发起的全面内战上。历史证明，这样的决策是正确的，也正是由于将工作重点放在坏的可能性上，所以在蒋介石悍然发动内战之时，中国共产党才得以有准备地与其对抗。

第二，借助于主观能动性，可以加快或者延缓可能性向现实性的转化过程。事物的发展正是由于事物内部矛盾的不断斗争，这种斗争不是一局定胜负的，而是不间断地表现为一个过程的。因此这个过程进展得快或者慢，我们是可以通过主观能动性进行干预的。例如，虽然我们目前处于并长期处于社会主义初级阶段，但是经历一个过程，我们必然会走向社会主义的高级阶段。对于这个过程，我们是可以通过发挥主观能动性，例如，坚持正确的方针、政策，缩短过程的时间。

五、可能性与现实性辩证关系原理的现实意义

可能性与现实性之间的对立统一关系有着重要的现实意义：

第一，对于社会主义现代化建设有着重要的意义。社会主义现代化目标的确立是在现实性的基础上确立的，是以社会主义初级阶段我国的基本国情为依据的。要想将这种可能

性转变为现实，就需要全党和全国人民的不懈努力，需要在中国特色社会主义的旗帜下，不断地争取、创造有利条件，排除不利条件。同样，在十八大报告中，针对2020年全面建成小康社会的宏伟目标，首次提出"实现国内生产总值和城乡居民人均收入比2010年翻一番"的新指标。这一新的指标是在立足当前中国经济社会发展现状的基础上确立的，是建立在现实性的基础上的。要想在2020年实现这一新指标，更需要我们在中国特色社会主义基本路线的指引下，不断地发展经济，提升居民收入，合理调整居民收入分配关系，等等。只有这样才能将可能性转化为现实。

第二，在实际工作中，全面地估计各种可能性。对立统一规律告诉我们，事物的可能性由事物内部的矛盾决定，矛盾双方的斗争推动着事物的发展变化，而事物的性质就取决于取得支配地位的矛盾的主要方面，不是矛盾的一方取胜，就是矛盾的另一方取胜。最终哪一种可能性会转变为现实性呢？这就需要我们在工作中全面地预估各种可能性。例如，对于一个拥有资源、人力资源和能源供应的企业来说，生产就具有了启动的可能性。但是在进行生产之前，应该先预估一下所要生产的产品市场的容量为多少，能不能畅销，如果销售不顺利怎么办？

同时预估到各种可能性还意味着发现机会。如果对于事物的发展趋势都不能全面了解，机会就无从谈起。因为只有估计到了隐藏在事物内部矛盾之中的可能性，才能发现孕育于可能性之中的机会，才有可能把握机会。

第三，从最坏处着想，向最好处努力，充分发挥主观能动性，阻止坏的可能变为现实，创造条件，争取好的前途。在事物内部矛盾斗争的过程中，往往存在着两种相反的现实可能性，不是一方取胜，就是另一方获胜。好的可能性就是内部矛盾中好的一方战胜坏的一方，促进事物向前发展的可能性；坏的可能性就是内部矛盾中，坏的一方暂时战胜新的一方，使事物的发展出现倒退、停滞。在充分发挥主观能动性之前，先要区分清楚哪些是坏的可能性，哪些是好的可能性。然后，从最坏处着想，向最好处努力。从坏处着想就能够使我们认识到可能遇到的所有的不利条件和困难，做好充分的准备。即使遇到再大的问题也都在意料之中，都能够应对有策；向最好处努力，就能够明确目标和方向，激发我们不断前进，实现目标。

另外，明晰了好的可能性和坏的可能性，有利于我们权

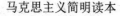

衡利弊，分析可能取得的成功或者遭遇的失败。对于那些成功概率小、失败概率大，即或然率小的，我们选择放弃；对于那些成功概率大、失败率小，即或然率大的，我们选择坚持，努力付出。只有这样才会脚踏实地的，不抱不切实际的幻想，既不想着哪天中彩票，也不想着什么时候天上能够掉馅饼。